Couverture inférieure manquante

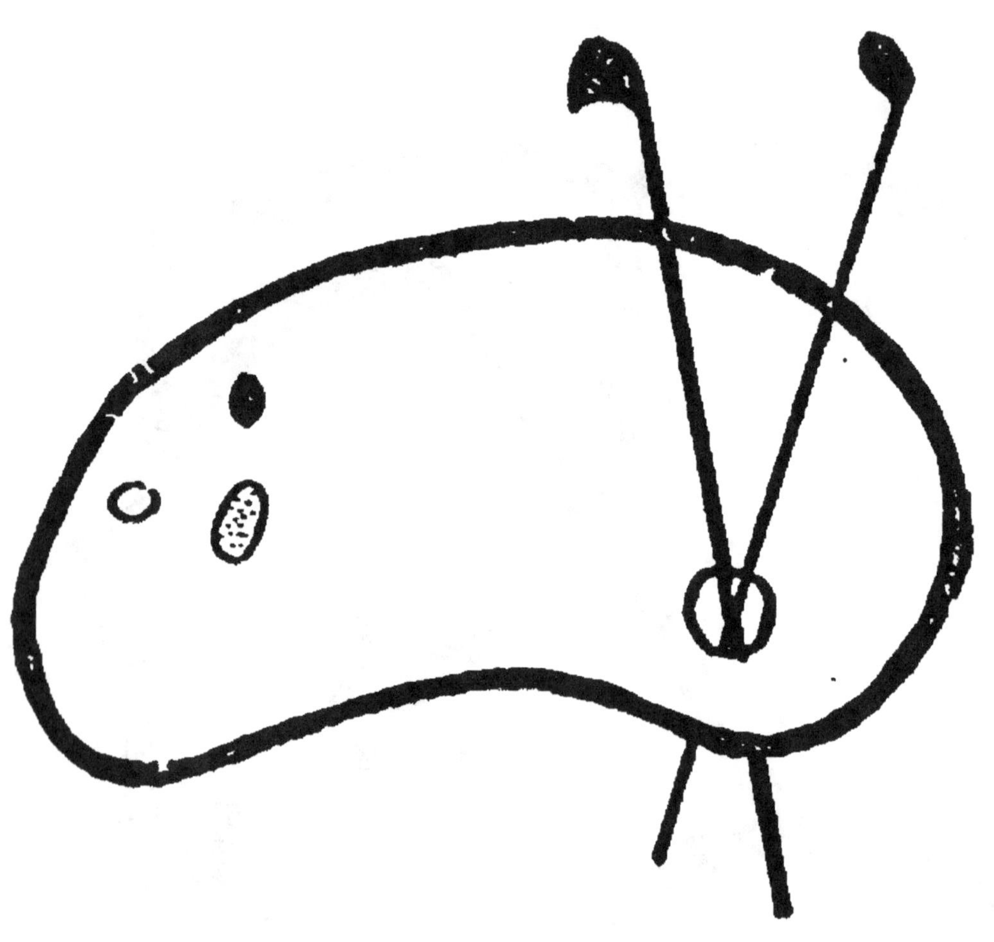

DEBUT D'UNE SERIE DE DOCUMENTS
EN COULEUR

LA QUESTION

DU

CANAL DE SUEZ

EXPOSÉ RÉTROSPECTIF

ET

ÉTUDE POUR SA DOUBLE SOLUTION

TECHNIQUE ET FINANCIÈRE

PAR

Un ancien Collaborateur et Actionnaire

des premiers jours

PARIS 1883

COSNE

IMPRIMERIE ET LITHOGRAPHIE H. BOURRA, PLACE D'ARMES

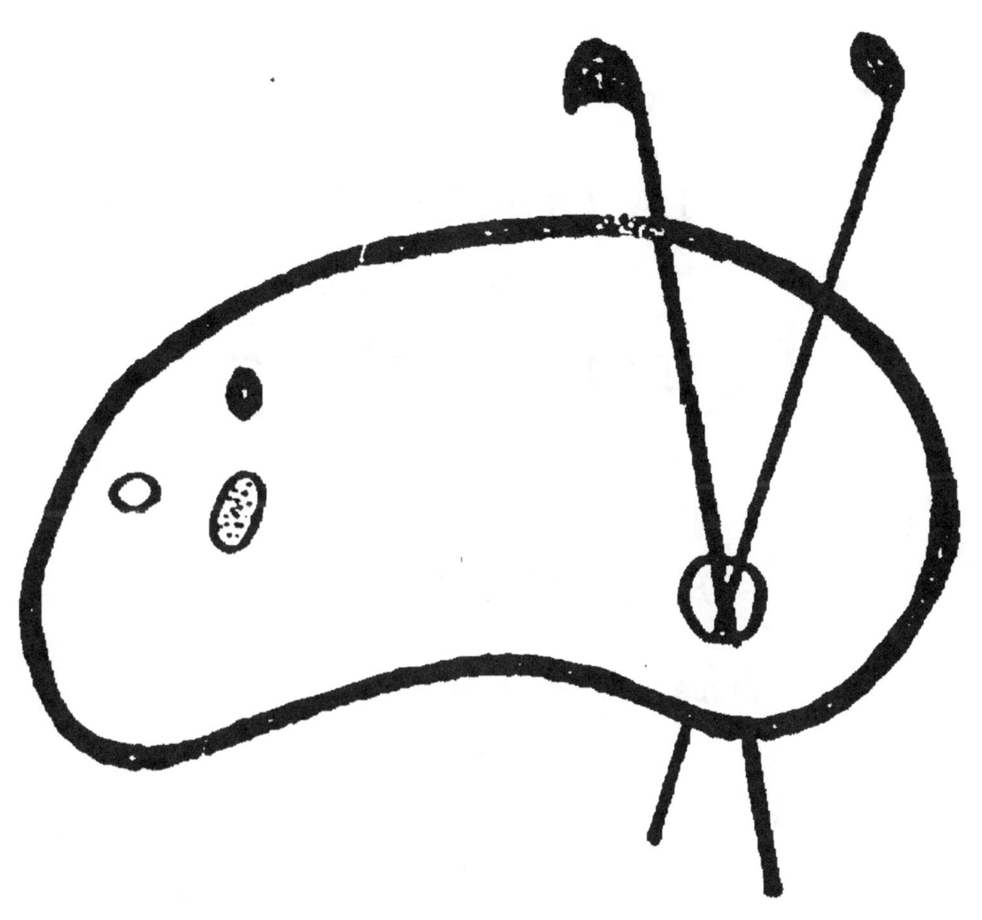

FIN D'UNE SERIE DE DOCUMENTS
EN COULEUR

LA QUESTION

DU

CANAL DE SUEZ

EXPOSÉ RÉTROSPECTIF

ET

ÉTUDE POUR SA DOUBLE SOLUTION

TECHNIQUE ET FINANCIÈRE

PAR

Un ancien Collaborateur et Actionnaire

DES PREMIERS JOURS

PARIS 1883

COSNE

IMPRIMERIE ET LITHOGRAPHIE H. BOURRA, PLACE D'ARMES

LA QUESTION

DU

CANAL DE SUEZ

PRÉAMBULE

Malgré le rapport si explicite et la confiance exprimée par notre Président à l'assemblée des actionnaires du 4 juin dernier, nous croyons qu'il ne sera pas sans intérêt pour le public ainsi que pour les actionnaires de Suez, de prendre connaissance de notre étude, ne serait-ce qu'à cause des détails intéressants et nouveaux qu'elle donne sur l'idée que l'on doit se faire pour parvenir à *l'achèvement complet* de l'œuvre de Suez, ainsi que sur les moyens de compensation d'y satisfaire.

Cette étude nous paraît d'autant plus opportune, que nous pensons répondre au désir exprimé par notre Président dans son rapport, lorsqu'il a déclaré qu'il réunirait tous les projets suggérés par le public, la presse et les actionnaires, et qu'il les examinerait avec le comité de la Compagnie.

C'est un appel auquel nous sommes heureux de répondre, et auquel notre attachement à cette grande œuvre, ainsi qu'à son illustre fondateur, nous a fait un devoir de participer.

EXPOSÉ RÉTROSPECTIF

En 1857, le 9 juillet, à la Chambre des Communes, un des membres pour Bristol, l'honorable Berkeley, s'adressant au ministère, lui demandait, au nom de ses commettants, si le gouvernement de la Reine était disposé à user de son influence à Constantinople pour déterminer le sultan à ratifier la concession accordée par le Vice-Roi d'Egypte, Saïd-Pacha, à M. Ferdinand de Lesseps.

Le premier lord de la Trésorerie, Lord Palmerston, répondit les paroles suivantes :

« Que tout au contraire, loin d'influer dans
« ce sens, sur la résolution de la Porte, le gou-
« vernement de la Reine userait de tout son
« crédit pour s'opposer à l'exécution du projet.

« Que d'ailleurs il se glorifiait de déclarer
« que, depuis quinze ans déjà, il combattait ce
« projet et qu'il était disposé à le combattre
« toujours.

« D'abord parce que ce projet n'était qu'une
« *duperie*....... propre à dépouiller les crédules
« et les naïfs, et, qu'en outre, ce projet pourrait-
« il être réalisé, qu'il fallait l'empêcher, parce
« que, achevé, il ne pourrait que nuire aux
« intérêts généraux financiers et politiques de
« l'Angleterre.

« . . . . »

On se rappelle encore la surprise et l'éton-
nement que provoqua cette réponse si fran-
chement hautaine et dédaigneuse et l'effet
déplorable qui s'en suivit, ainsi que les commen-
taires qu'elle provoqua.

Un article de journal paru alors et reproduit
par diverses gazettes est à citer aujourd'hui. Il
reproduisait la conversation de deux diplomates s'entretenant, dans une soirée ministé-
rielle, de la question du Canal de Suez, et
surprise par un reporter.

La voici in-extenso :

« Si le canal s'achevait, sa neutralité s'impo-
« serait; or, la neutralité du canal maritime
« entraînera de toute nécessité également la
« stabilité immuable de l'Egypte, et sa situation
« actuelle vis-à-vis de la Porte ottomane, sa
« suzeraine, se trouverait, du même coup, sau-

« vegardée par l'intérêt du monde entier.

« C'est là une barrière invincible, et rien ne
« pourrait prévaloir contre elle une fois qu'elle
« serait établie.

« — Mais c'est peut-être là justement ce que
« ne veut pas le cabinet anglais, dit un des
« interlocuteurs.

« — Comment l'entendez-vous ? reprit l'autre.

« — Je veux dire qu'il est bien possible que
« le cabinet anglais qui feint d'avoir la vue si
« courte, l'ait beaucoup trop longue....... Et que,
« *dans une dislocation* et un remaniement des
« territoires en Orient, il voie en perspective
« l'Egypte devenir la part de l'Angleterre, entre
« Malte et Aden. Ce serait un assez joli trait
« d'union.

« Mais cette dernière hypothèse est encore
« moins admissible que toutes celles que nous
« venons de faire assez gratuitement.

« Ce n'est peut-être pas pour cela la plus
« fausse.

« Là-dessus les deux diplomates changèrent
« de conversation, comme s'ils n'osaient appro-
« fondir par trop la supposition qui, pour s'être
« présentée la dernière, ne leur paraissait pas
« la moins bonne pour expliquer l'opposition
« obstinée du cabinet anglais.

« Pour notre part, nous ne voudrions pas
« aller plus loin dans le champ des conjectures

« que n'y allaient les deux diplomates dont
« nous venons de parler.

« La violence même du langage que lord
« Palmerston a portée dans sa réponse prouve
« assez que, sur cette question de Suez, le
« premier ministre n'est pas de sang-froid, et
« quand on lui demande ses raisons sincères
« de résistance, il a le trouble d'un homme qui
« ne veut pas qu'on l'interroge et qui semble
« craindre, en répondant, de divulguer son
« secret malgré lui.

« Un premier ministre d'Angleterre se faisant
« le gardien vigilant de la bourse de ses compa-
« triotes dans une entreprise particulière ! ! ! !
« C'est par trop bouffon, et nous aurions cru
« que les capitalistes anglais sont d'assez
« grands garçons pour n'avoir pas besoin de
« tutelle.

« Mais un premier ministre voulant, pour les
« éventualités de l'avenir, réserver *l'Egypte*
« *comme le lot de l'Angleterre en cas de*
« *partage.....*

« Ceci est beaucoup plus sérieux, et, comme
« les deux diplomates, nous ne voudrions pas
« porter nos regards dans ce machiavélisme.

« Cependant nous avons le droit d'être plus
« indiscrets et de dire ce que voit encore le
« premier ministre.

« Il voit que l'Angleterre possède le monopole

« de l'Asie et il veut le lui conserver à tout prix ;
« il sait que l'Angleterre profiterait immensé-
« ment et plus que tout autre de l'ouverture du
« canal maritime, mais il craint que l'Europe
« continentale n'en bénéficie dans une certaine
« mesure et, fidèle à la vieille politique de
« Chatham et de Castlereagh, il veut que le
« *continent reste immuable dans son ornière*
« *commerciale.*

« *Il sait que l'Egypte n'a qu'un moyen de ne*
« *pas tomber dans les mains d'un conquérant*
« *étranger :*

« *C'est d'être bien gouvernée et florissante !!!*
« et il *répugne* à tout ce qui peut rendre l'Egypte
« tranquille et heureuse.

« Parce qu'alors elle serait à jamais perdue
« pour ses ambitions insatiables qui osent
« signifier au monde, qu'elles doivent être
« maîtresses de toute la route qui, par la Mer
« Rouge, sépare :

    « Calcutta de Londres ! ! !

« . . . . »

Dans le même temps et comme suite de l'idée
émise ci-dessus, un écrivain français a relaté,
dans un livre qu'il a publié sur l'Egypte, qu'en
1840, *lorsque du fait et avec l'appui cordial de
la France,* les puissances européennes accep-
tèrent la reconnaissance de la constitution d'un
vice-royaume d'Egypte avec Mehemet-Ali comme
vice-roi et hérédité dans ses descendants, un

grand personnage anglais dans un moment d'oubli aurait déclaré : « Qu'il ne serait heureux « que le jour où il pourrait renvoyer dans le « désert les descendants de ce grand Pacha », parce que leur avènement au vice-royaume d'Egypte, reculait l'époque que l'Angleterre attendait....

. . . .

SUITES ET RÉSULTATS

Vingt-cinq ans nous séparent à peine de ces prévisions entrevues timidement par les deux diplomates que déjà elles se sont en grande partie réalisées surtout après les graves évènements qui se sont passés depuis 1870, et qui, affaiblissant momentanément la France, ont privé l'Egypte et la Turquie du principal défenseur de leur autonomie.

L'Angleterre n'a pu, il est vrai, arriver à empêcher la coupure de l'Isthme de Suez, mais elle a entravé sans relâche la Compagnie, en lui créant tous les embarras possibles.

La mort de Saïd-Pacha, survenue en 1863, a failli compromettre tout à fait l'œuvre, et, sans une volonté alors toute puissante et bienveillante qui encourageait et soutenait l'homme de génie en qui l'œuvre de Suez s'était incarnée, cette belle œuvre ne s'achevait pas ; car l'Angleterre allait avoir désormais, dans le nouveau Vice-Roi Ismaïl, un auxiliaire qui, quoique indépendant (nous en sommes convaincus), de toute entente avec cette dernière, n'en suivait pas moins ses vues, en retirant à la Compagnie toutes les concessions octroyées par son prédécesseur. La concession des terrains seule eût donné par l'intelligente activité de la Compagnie, l'assurance d'avoir aujourd'hui plus de *40 millions* de revenus sur lesquels l'Egypte retirerait également de notables impôts, nonobstant que sa population se trouverait augmentée de *40 à 50 mille bédouins* qui seraient venus, de diverses parties de l'Arabie, se fixer sur cette antique vallée de Gessen et rétablir sa légendaire fécondité.

Le grand canal Ismaïlieh peut arroser 250 mille feddans ; or, en ne prenant pour base de nos dires que 200 mille et admettant qu'on les eût loués au minimum 8 livres le feddan ou 200 francs, (1) c'est bien *40 millions de francs de revenus annuels* dont la Compagnie a été privée au profit de personne, les terrains étant restés incultes.

La sentence arbitrale a donné, il est vrai, 84 millions d'indemnité à la Compagnie ; mais

---

(1) En Egypte, les terres de bonne qualité, comme celles de la vallée de Gessen, se louent jusqu'à 12 et 14 livres.

quand même elle *eût été double*, ce qui devait être, ainsi qu'on peut le reconnaître, elle ne compenserait jamais la perte que la Compagnie a faite sur le revenu des terrains, ainsi que sur la majoration de ces derniers par la plus-value qu'ils eussent acquis par la culture et que l'on peut évaluer à 1,000 francs le feddan, soit 200,000 X 1,000 = 200 millions de francs!! dont personne ne bénéficie non plus.

Aussi, malgré l'indemnité allouée par l'empereur Napoléon, la Compagnie de Suez a-t-elle, comme on vient de le voir, fait une perte des plus sensibles et sérieuse pour ses intérêts, nonobstant l'obligation où elle a été mise de dépenser, en outre de l'indemnité fixée par la sentence, la somme de 400 millions au lieu de 200 prévus, et qui certainement eussent suffi à l'achèvement du canal, sans les entraves qui ont été mises.

L'Angleterre, en résumé, n'a pu empêcher le canal d'être, mais elle en a fait retarder l'exécution de plusieurs années. La Compagnie devait être un puissant propriétaire foncier en Égypte. C'était gênant pour ses vues ultérieures ; elle a la satisfaction de voir le vice-roi lui-même s'élever contre les privilèges de la Compagnie et lui enlever toutes les concessions qui sont en son pouvoir d'annuler par indemnité et qui ne sont pas fondamentales.....

Aussi, le moment venu, conformément aux

prévisions des deux diplomates déjà cités, l'Angleterre mit-elle à profit les évènements au fur et à mesure qu'ils se présentèrent.

1° Dans l'empire turc — dont la fatalité (attribut de l'Orient), le maintient dans l'ornière contemplative, malgré· les avertissements réitérés du sort, qui, chaque fois, lui enlève un lambeau de sa puissance, — et lors du règlement de la dernière guerre Turco-Russe, l'Angleterre, gardienne vigilante et fidèle de la politique de ses ancêtres, s'est appropriée l'*Ile de Chypre*, qui commande le chemin de

l'Asie par l'Euphrate ;

2° En Egypte, tout récemment, à la suite d'une succession de fautes commises par les gouvernements d'Egypte qui, en affaiblissant le pouvoir, ont amené les troubles et occasionné les douloureux évènements dont chacun est encore impressionné aujourd'hui.

Nous n'avons pas à rechercher les causes qui ont amené ces faits déplorables ; mais nous constaterons seulement qu'ils étaient attendus par l'Angleterre et qu'elle a su habilement saisir le moment psychologique pour intervenir et, plus habilement encore, se faire demander officiellement par le gouvernement égyptien lui-même d'intervenir en armes pour le protéger de ses propres excès, afin de rétablir l'ordre et la sécurité.

Aujourd'hui l'Angleterre est de fait maîtresse des destinées de l'Egypte et du

Deuxième chemin de l'Asie par la Mer Rouge.

Elle commande dans la vallée du Nil, comme bientôt, si elle le veut, elle commandera dans le Soudan et plus loin encore.

S'en suit-il pour cela que les droits acquis antérieurement à l'occupation du pays par l'Angleterre soient annihilés ? Nous ne le pensons pas. L'Angleterre a d'ailleurs déclaré solennellement et préalablement à son intervention qu'elle n'avait en vue que le rétablissement de l'ordre et le maintien de la situation ante-bellum, et que, par conséquent d'accord en cela avec le code du droit des gens qui est et sera de tous les temps, tous les traités, conventions et charges de toutes sortes seraient respectés.

Aussi peut-on se demander si ce ne serait pas en vertu de ces déclarations que le gouvernement égyptien tout le premier, ainsi que les puissances européennes et la France en particulier, ont laissé agir l'Angleterre seule et même jusqu'à la Turquie dont le décret du Sultan déclarant Arabi rebelle, a détaché immédiatement de ce dernier ses plus chauds partisans, et assuré la rapidité des opérations contre les émeutiers.

Ainsi donc, tout le monde a cru aux assurances données par l'Angleterre, et nous avons le plus ferme espoir qu'aucune déception n'en résultera, malgré les apparences contraires actuelles qui résultent certainement et plutôt du chauvinisme militaire qui, malheureusement, est commun à chaque peuple après la victoire et des succès rapides, qu'à une volonté et une ferme intention d'occuper l'Égypte d'une façon permanente.

Il y a entêtement, conséquence forcée d'un faux amour-propre national ; mais, avec le temps, nous espérons bien que l'Angleterre, forte et puissante nation autant que brave et honnête, reconnaîtra d'elle-même l'écueil que lui créerait un manquement à ses engagements, et que, tout au contraire, bien inspirée sur ses intérêts généraux et politiques et dans la plénitude de sa munificence, *elle rendra au plus tôt l'Égypte à son autonomie.*

Nous sommes d'autant plus fondé à l'admettre que, depuis quelque temps, on constate un grand changement survenu dans l'esprit de la nation anglaise, et qu'il existe un parti considérable, s'accroissant chaque jour, pour protester contre la politique Palmerston d'il y a vingt-cinq ans. Lord Gladstone lui-même, le premier ministre actuel, avant d'être au pouvoir, était, il y a quatre ans, un des chefs écoutés de cette nouvelle école ; on connaît les publications qu'il a faites sur la politique d'annexion et particulièrement les vues qu'il a exposées sur les dangers d'annexer l'Égypte ; aussi, peut-on espérer qu'avant peu la majorité se formera de ce côté au Parlement.

En attendant l'accomplissement de ce proche évènement, nous sommes convaincus que chacun en Egypte, compagnies comme simples particuliers, négociants, employés ou autres, n'ont rien à craindre, rien à redouter pour leurs intérêts en Egypte, lesquels, s'ils étaient jamais menacés, trouveraient plutôt comme défenseurs et non comme hostiles les agents et soldats de la Reine.

CONSIDÉRATIONS GÉNÉRALES

La Compagnie de Suez détient un droit librement donné par le souverain d'alors, Saïd-Pacha, et librement accepté par son président, M. Ferdinand de Lesseps, dont la foi si persévérante, la parole si persuasive et si honnête a réuni à lui un groupe d'amis et de généreux cœurs, en qui l'œuvre de Suez s'est plutôt montrée comme but humanitaire que spéculatif (on peut à cet égard rechercher les noms des premiers souscripteurs et bien certainement on les trouvera en majorité parmi les gens peu fortunés, mais libéraux philanthropes, tels que les professeurs, les petits employés, les militaires et les petits rentiers que cette idée généreuse avait séduits, et qui, sans jamais faiblir, versèrent leur cote-part due le plus souvent à leurs privations de chaque jour.

C'est ainsi que le canal a été ouvert et que cette œuvre immortelle et impérissable, traitée de chimère et de duperie, est devenue une réalité.

Aussi quelle satisfaction ne doit pas ressentir Ferdinand de Lesseps, et, avec lui, ses amis et souscripteurs des premiers jours, en voyant le résultat de leur œuvre commune, ainsi que les services immenses qu'elle rend non-seulement au monde entier, mais particulièrement à l'Angleterre, qui, ainsi que l'avait prévu d'ailleurs le génie de son fondateur, emprunte aujourd'hui le canal dans la proportion de 75 p. 0/0 sur le trafic général, et qui, prévoyant que le passage peut prochainement devenir insuffisant, *demande même qu'une seconde voie soit ajoutée à celle existante.*

Quel vaste avenir est réservé encore au canal ! à l'œuvre du grand Français, à qui Dieu a permis de jouir, lui vivant, de la gloire de son œuvre, comme il lui avait fait la faveur d'assister sur le Pont-de-l'Aigle où l'avait convié l'Impératrice des Français (entourée et suivie d'une flotte nombreuse composée de toutes les puissances maritimes, à bord de laquelle se trouvaient les souverains respectifs ou leurs délégués) dans le but d'inaugurer solennellement la jonction des deux mers !! et proclamer à jamais, la libre navigation de ce nouveau détroit pour toutes les marines du monde, sans exception aucune de nationalité.

On se rappelle encore les fêtes brillantes données en Egypte, la gracieuse et touchante hospitalité offerte si libéralement par S. A. le Khédive Ismaïl Ier qui, comprenant la grandeur de l'œuvre de Suez, a voulu, à l'inauguration, par le faste tout oriental qu'il a déployé en cette grande circonstance, comme témoigner du repentir qu'il avait eu d'en combattre et d'en arrêter antérieurement la marche. Aussi M. de Lesseps depuis longtemps touché de la magnanimité des procédés de S. A. avait-il tenu à ce que le nom d'Ismaïl soit perpétué dans l'Isthme comme se perpétuera celui de Saïd, le premier bienfaiteur du Canal de Suez.

Ainsi à l'avenir les générations connaîtront les noms des premiers souverains protecteurs du canal, en prononçant le nom des trois principales villes de l'Isthme : Port-Saïd sur la Mer Méditerranée, Ismaïlia sur le lac Timsah et Port-Tewfick sur la Mer Rouge.

Les faits que nous venons d'exposer n'ont fait voir qu'une faible partie des luttes, des retards et des risques de toutes sortes que la Compagnie a endurées et supportées ; mais ils suffiront pour renseigner et fixer le lecteur.

Or, ce serait après de telles luttes, après la

réussite et la constatation des merveilleux résultats de cette œuvre si humanitaire, que la nation
qui l'avait combattue et entravée viendrait aujourd'hui élever la voix pour prétendre à spolier
ces malheureux argonautes, et qu'à leur grand
président il serait infligé la douleur de voir
son œuvre et ses droits contestés.... non ! cela
ne peut être, et comme l'a dit lui-même le
Président dans son rapport à l'assemblée dernière, *cela ne sera pas.*

Cette affirmation répondait à des bruits que
faisaient courir périodiquement les journaux
anglais, et par lesquels des agents de bourse,
dans un but de lucre, émettaient l'opinion que la
Compagnie ne pouvait posséder aucun monopole,
et que le gouvernement de la Reine devait les
appuyer pour leur faire obtenir une concession
spéciale, de façon à leur permettre d'exécuter un
second canal avec des fonds indépendants de
ceux de la Compagnie de Suez.

Aujourd'hui ces mêmes bruits se renouvellent;
aussi nous demandons-nous ce qu'ils veulent dire.

S'ils n'ont, comme nous le croyons, que pour
but des manœuvres de bourse, ils sont dignes du
plus grand mépris, et il est du devoir et de
l'honneur du gouvernement et de la presse
anglaise de ne pas contribuer par leur attitude
à les encourager ; si, au contraire, ils ont pour
but également de forcer la Compagnie à donner
à l'Angleterre une plus grande place dans le

Conseil d'administration, nous trouvons que c'est intempestif et inopportun, d'abord parce que les trois membres qui la représentent au Conseil d'administration, sont (le Président nous l'a dit à l'Assemblée,) non-seulement l'objet de la plus grande marque d'attention et de prévenance de la part de leurs collègues français, mais encore ont-ils la satisfaction de voir toujours leurs propositions prises en sérieuse considération, et ensuite, parce que l'Angleterre, possèdant presque la moitié des actions, aura indubitablement « et au plus tard le jour où ses actions jouiront de leurs coupons, » la majorité effective dans le Conseil, comme elle l'a d'ailleurs courtoisement aujourd'hui.

Quoi qu'il en soit, il conviendrait que les agissements, de quelque part ils viennent et quel que soit leur but, fussent exposés de bonne foi et adressés par les promoteurs, gouvernement, chambres de commerce ou particuliers, à la Compagnie universelle du Canal maritime de Suez, *qui seule* a réellement droit et pouvoir de les recevoir et de les examiner, puisque seule elle a le monopole réel et exclusif de relier les deux mers, ainsi qu'il ressort d'ailleurs comme on va le voir des actes de concession que nous reproduisons ci-après in-extenso :

1er ACTE DE CONCESSION DU 30 NOVEMBRE 1874.

« Notre ami, M. Ferdinand de Lesseps, ayant

« appelé notre attention sur les avantages qui
« résulteraient pour l'Egypte de la jonction de
« la Mer Méditerranée et de la Mer Rouge par
« une voie navigable pour les grands navires,
« et nous ayant fait connaître la possibilité de
« constituer, à cet effet, une compagnie formée
« de capitalistes de toutes les nations, nous avons
« accueilli les combinaisons qu'il nous a sou-
« mises, et lui avons donné, par ces présentes,
« *pouvoir exclusif de constituer et de désigner*
« *une compagnie universelle pour le percement*
« *de l'Isthme de Suez et l'exploitation d'un canal*
« *entre les deux mers*, avec faculté d'entreprendre
« et de faire entreprendre tous les travaux et
« constructions, à la charge par la Compagnie
« de donner préalablement toute indemnité aux
« particuliers en cas d'expropriation pour cause
« d'utilité publique, le tout dans les limites et
« avec les conditions et charges déterminées
« dans les articles qui suivent :

« ARTICLE PREMIER. — M. Ferdinand de
« Lesseps constituera une Compagnie, dont nous
« lui confions la direction, « sous le nom de
« Compagnie universelle du canal maritime de
« Suez », *pour le percement de l'isthme de Suez,*
« l'exploitation d'un passage propre à la grande
« navigation, la fondation ou l'appropriation de
« deux entrées suffisantes, l'un sur la Médi-
« terranée, l'autre sur la Mer Rouge, et l'éta-
« blissement d'un ou de deux ports.

« Art. 2. — Le directeur de la Compagnie
« sera toujours nommé par le gouvernement
« Egyptien et choisi, autant que possible, parmi
« les actionnaires les plus intéressés de l'entre-
« prise.

« Art. 3. — La durée de la concession est
« de quatre-vingt-dix-neuf ans, à partir du jour
« de l'ouverture du canal des deux mers.

« Art. 4. — Les travaux seront exécutés aux
« frais exclusifs de la Compagnie, à laquelle
« tous les terrains nécessaires, n'appartenant
« pas à des particuliers, seront concédés à titre
« gratuit.

« Art. 5. — Le gouvernement Egyptien recevra
« annuellement de la Compagnie 15 p. 0 0 des
« bénéfices nets résultant du bilan de la Société
« et 75 p. 0 0 au profit de la Compagnie, et
« 10 p. 0 0 au profit des membres fondateurs.

« Art. 6. — Les tarifs des droits de passage
« du canal de Suez, concertés entre la Compa-
« gnie et le vice-roi d'Egypte et perçus par la
« Compagnie, seront égaux pour toutes les
« nations, etc.

« Art. 7. — Dans le cas où la Compagnie
« jugerait nécessaire de rattacher par une voie
« navigable le Nil au passage direct de l'isthme,
« et *dans celui où le canal maritime suivrait un*
« *tracé indirect desservi par l'eau du Nil*, le
« gouvernement Egyptien abandonnerait à la
« Compagnie les terrains du domaine public,

« aujourd'hui incultes, qui seraient arrosés ou
« cultivés à ses frais et par ses soins, etc.

« ART. 8. — Pour éviter toute difficulté au
« sujet des terrains qui seront abandonnés à la
« Compagnie concessionnaire, un plan dressé
« par M. Linant-Bey, notre commissaire-ingé-
« nieur auprès de la Compagnie, indiquera les
« terrains concédés, etc.

« ART. 9. — Il est enfin accordé à la Compa-
« gnie concessionnaire la faculté d'extraire des
« mines et carrières appartenant au domaine
« public, sans payer de droits, tous les maté-
« riaux nécessaires aux travaux du canal, etc.

« ART. 10. — A l'expiration de la concession,
« le gouvernement égyptien sera substitué à la
« Compagnie, jouira sans réserves de tous ses
« droits, etc.

« ART. 11.— Les statuts de la Compagnie nous
« seront ultérieurement soumis par la direction
« de la Compagnie et devront être revêtus de
« notre approbation, etc.

« ART. 12. — Nous promettons enfin notre
« bon concours et celui de tous les fonctionnaires
« de l'Egypte, pour faciliter l'exécution et l'ex-
« ploitation des présents pouvoirs.

Caire, le 30 novembre 1851.

« *A mon dévoué ami, de haute naissance et de*
« *rang élevé, M. Ferdinand de Lesseps.*

— 23 —

« La concession accordée à la Compagnie
« universelle du Canal de Suez, devant être
« ratifiée par S. M. I. le Sultan, je vous remets
« cette copie pour que vous la conserviez par
« devers vous. Quant aux travaux relatifs au
« creusement du Canal de Suez, ils ne seront
« commencés qu'après l'autorisation de la
« Sublime Porte.

Le 3 Ramadan 1271.

O Cachet du Vice-Roi

POUR TRADUCTION CONFORME AU TEXTE TURC :

Le Secrétaire des Commandements de Son Altesse le Vice-Roi,

Signé : **KŒNIG-BEY.**

Alexandrie, le 19 Mai 1855.

2me ACTE DE CONCESSION DU 5 JANVIER 1856.

« Nous, Mohamed-Saïd-Pacha, vice-roi
« d'Egypte.

« Vu notre acte de concession, en date du
« 30 novembre 1854, par lequel nous avons
« donné à notre ami, M. Ferdinand de Lesseps,
« *pouvoir exclusif*, à l'effet de constituer et
« diriger une Compagnie universelle, *pour le*
« *percement de l'Isthme de Suez*, l'exploitation
« d'un passage propre à la grande navigation,
« la fondation ou l'appropriation de deux entrées

« suffisantes, l'une sur la Méditerranée, l'autre
« sur la Mer Rouge, et l'établissement d'un
« ou deux ports.

« M. Ferdinand de Lesseps nous ayant repré-
« senté que, pour constituer la Compagnie
« sus-indiquée dans les formes et conditions
« généralement adoptées par les sociétés de cette
« nature, il est utile de stipuler d'avance, dans
« un acte plus détaillé et plus complet, d'une
« part, les charges, obligations et redevances
« auxquelles cette société sera soumise ; d'autre
« part, les concessions, immunités et avantages
« auxquelles elle aura droit, ainsi que les
« facilités qui lui seront accordées par son admi-
« nistration, avons arrêté, comme suit, les con-
« ditions de la concession qui fait l'objet des
« présentes :

§ 1er. — CHARGES

« ARTICLE PREMIER. — La Société fondée par
« notre ami, M. Ferdinand de Lesseps, en vertu
« de notre concession du 30 novembre 1854,
« devra exécuter à ses frais, risques et périls,
« tous les travaux nécessaires pour l'établisse-
« ment :

« 1° D'un canal approprié à la grande navi-
« gation maritime, entre Suez dans la Mer
« Rouge, et le golfe de Peluse dans la Médi-
« terranée ;

« 2° D'un canal approprié à la navigation

« fluviale du Nil, joignant le fleuve au Canal
« maritime, sus-mentionné ;

« 3° De deux branches d'irrigation et d'ali-
« mentation, dérivée du précédent canal, et
« portant leurs eaux dans les deux directions
« de Suez et de Peluse.

« Les travaux seront conduits de manière à
» être terminés dans un délai de six années,
« sauf les empêchements et retards provenant
« de force majeure.

« ART. 2. — La Compagnie aura la faculté
« d'exécuter les travaux dont elle est chargée
« par elle-même et en régie, etc.

« ART. 3. — Le canal approprié à la grande
« navigation maritime sera creusé à la profon-
« deur et à la largeur fixées par le programme
« de la Commission scientifique internationale.

« Conformément à ce programme, il prendra
« son origine au port même de Suez ; il em-
« pruntera le bassin dit des Lacs Amers et le
« lac Timsah ; il viendra déboucher dans la
« Méditerranée en un point du golfe de Peluse
« qui sera déterminé, etc.

« ART. 4. — Le canal d'irrigation, approprié à
« la navigation fluviale dans les conditions dudit
« programme, prendra naissance à proximité de
« la ville de Cairo, suivra la Vallée (Ouadée),
« Toumilat (ancienne terre de Gessen), et débou-

« chera dans le grand Canal maritime au lac
« Timsah.

« ART. 5. — Les dérivations du canal précé-
« dent s'en détacheront en amont du débouché
« dans le lac Timsah ; de ce point elle seront
« dirigées, d'un côté sur Suez, de *l'autre côté*
« *sur Peluse*, parallèlement au grand canal
« maritime.

« ART. 6. — Le lac Timsah sera converti en
« un port intérieur propre à recevoir des bâti-
« ments du plus fort tonnage.

« La Compagnie sera tenue, en outre, si cela
« est nécessaire : 1º de construire un port d'abri
« à l'entrée du canal maritime dans le golfe de
« Peluse ; 2º d'améliorer le port et la rade de
« Suez, etc.

« ART. 7. — Le canal maritime, les ports en
« dépendant, ainsi que le canal de jonction du
« Nil et de dérivation, seront entretenus en bon
« état par la Compagnie et à ses frais.

« ART. 8. — Les propriétaires riverains qui
« voudront faire arroser leurs terres au moyen
« de prises d'eau de la Compagnie, paie-
« ront, etc.

« ART. 9. — Nous nous réservons de déléguer
« au siège administratif de la Compagnie un
« commissaire spécial, etc.

§ 2. — CONCESSIONS

« ART. 10. — Pour la construction des canaux

« et dépendances mentionnés dans ces articles
« qui précèdent, le gouvernement égyptien aban-
« donne à la Compagnie, sans aucun impôt ni
« redevances, la jouissance des terrains, etc.

« ART. 11.— Pour déterminer l'étendue et les
« limites des terrains concédés à la Compa-
« gnie, etc.

« ART. 12. — Le gouvernement égyptien
« livrera, s'il y a lieu, à la Compagnie, les
« terrains de propriété particulière, etc.

« ART. 13. — Le gouvernement égyptien
« accorde à la Compagnie, pour toute la durée
« de la concession, la faculté d'extraire des
« mines et carrières, etc.

« ART. 14. — Nous déclarons solennellement
« pour nous et nos successeurs, sous la réserve
« de la ratification de S. M. I. le Sultan, le
« grand Canal maritime de Suez à Peluse et
« les ports en dépendant, ouverts à toujours,
« comme passages neutres, à tout navire de
« commerce traversant d'une mer à l'autre, sans
« aucune distinction, exclusion ni préférence de
« personnes ou de nationalités, moyennant le
« payement des droits et l'exécution des régle-
« ments établis par la Compagnie universelle
« concessionnaire, pour l'usage dudit canal et
« dépendances.

« ART. 15.— En conséquence du principe posé
« dans l'article précédent, la Compagnie uni-
« verselle concessionnaire ne pourra, dans

« aucun cas, accorder à aucun navire, compa-
« gnie ou particulier, aucuns avantages ou
« faveurs qui ne soient accordés à tous autres
« navires, etc.

« Art. 16. — La durée de la société est fixée
« à quatre-vingt-dix-neuf années, à compter de
« *l'achèvement des travaux* et de l'ouverture du
« canal maritime à la grande navigation.

« A l'expiration de cette période, le gouverne-
« ment égyptien rentrera en possession du canal
« maritime construit par la Compagnie, à charge
« par lui, dans ce cas, de reprendre tout le
« matériel et les approvisionnements, etc.

« Néanmoins, si la Compagnie conservait la
« concession par périodes successives de quatre-
« vingt-dix-neuf années, le prélèvement stipulé
« au profit du gouvernement égyptien par l'ar-
« ticle 18 ci-après, serait porté pour la seconde
« période à 20 0/0, pour la troisième période à
« 25 0/0 et ainsi de suite, à raison de 5 p. 0/0
« d'augmentation pour chaque période, sans
« que, toutefois, ce prélèvement puisse jamais
« dépasser 35 0/0 des produits nets de l'entre-
« prise.

« Art. 17. — Pour indemniser la Compagnie
« des dépenses de construction, d'entretien et
« d'exploitation qui sont mises à sa charge par
« les présentes, nous l'autorisons, dès à présent,
« et pendant toute la durée de sa jouissance,
« telle qu'elle est déterminée par les paragraphes

« 1 et 3 de l'article précédent, à établir et per-
« cevoir, pour le passage dans les canaux et
« les ports en dépendant, des droits de navi-
« gation, de pilotage, de remorquage, de halage
« ou de stationnement, suivant des tarifs qu'elle
« pourra modifier à toute époque, sous la con-
« dition expresse :

« 1° De percevoir ces droits, sans aucune
« exception ni faveur, sur tous les navires,
« dans des conditions identiques ;

« 2° De publier les tarifs, trois mois avant la
« mise en vigueur, dans les capitales et les
« principaux ports de commerce des pays
« intéressés ;

« 3° De ne pas excéder, par le droit spécial
« de navigation, le chiffre maximun de 10 francs
« par tonneau de capacité des navires et par
« tête de passager.

« La Compagnie pourra également par toutes
« les prises d'eau accordées à la demande des
« particuliers, etc.

« ART. 18. — Toutefois, en raison des con-
« cessions de terrains et autres avantages accor-
« dés à la Compagnie par les articles qui
« précèdent, nous réservons, au profit du gou-
« vernement égyptien, un prélèvement de 15 0/0
« sur les bénéfices nets de chaque année, arrê-
« tés et répartis par l'assemblée générale des
« actionnaires.

« ART. 19. — La liste des membres fondateurs

« qui ont concouru par leurs travaux, leurs
« études et leurs capitaux, à la réalisation de
« l'entreprise avant la fondation de la société,
« sera arrêtée par nous.

« Après le prélèvement stipulé au profit du
« gouvernement égyptien par l'article 18 ci-des-
« sus, il sera attribué, dans les produits nets
« annuels de l'entreprise, une part de 10 0/0 aux
« membres fondateurs ou à leurs héritiers ou
« ayants-cause.

« Art. 20. — Indépendamment du temps né-
« cessaire à l'exécution des travaux, notre ami
« M. Ferdinand de Lesseps, présidera et diri-
« gera la société, comme premier fondateur
« pendant dix ans, à partir du jour où s'ouvrira
« la période de jouissance de la concession de
« quatre-vingt-dix-neuf années, aux termes de
« l'article 16 ci-dessus.

« Art. 21. — Sont approuvés les statuts ci-
« annexés de la société créée sous la dénomina-
« tion de *Compagnie universelle du Canal ma-*
« *ritime de Suez*, la présente approbation valant
« autorisation de constitution, dans la forme des
« sociétés anonymes, à dater du jour où le
« capital social sera entièrement souscrit.

« Art. 22. — Comme témoignage de l'intérêt
« que nous attachons au succès de l'entreprise,
« nous promettons à la Compagnie le loyal
« concours du gouvernement égyptien, etc.

« Art. 23. — Sont rapportées toutes dispo-

« tions de notre ordonnance du 30 novembre
« 1854, et autres qui se trouveraient en oppo-
« sition avec les clauses et conditions du pré-
« sent cahier des charges, lequel fera seul loi
« pour la concession à laquelle il s'applique.

« Fait à Alexandrie, le 5 Juin 1856.

« *A mon dévoué ami, de haute naissance et*
« *de rang élevé, M. Ferdinand de Lesseps.*

« La concession accordée à la Compagnie
« universelle du Canal de Suez devant être ra-
« tifiée par S. M. I. le Sultan, je vous remets
« cette copie authentique, afin que vous puissiez
« constituer ladite Compagnie financière.
« Quant aux travaux relatifs au percement de
« l'isthme, elle pourra les exécuter elle-même
« dès que l'autorisation de la Sublime Porte
« m'aura été accordée.

Alexandrie, le 26 rebi-ul-akher 1272.
(5 *Janvier* 1856.)

O Cachet de S. A. le Vice-Roi.

Comme on le voit par les actes de concession, non-seulement la Compagnie de Suez a le *droit exclusif* de réunir les deux mers, mais elle a même le droit exclusif également de *choisir le meilleur emplacement et le meilleur système de canal, soit avec écluses au moyen de l'eau du Nil,* soit par une tranchée unique réunissant directement les deux mers sans solution de continuité.

De telle sorte que les droits de la Compagnie à *exercer seule le transit* par grands navires, entre les deux mers, est incontestable, quel que soit l'emplacement choisi et le moyen adopté.

Dès lors, le projet d'un second canal quel qu'il soit, et même par Alexandrie, s'il était possible au moyen de l'eau du Nil, ne pourrait s'effectuer sans l'assentiment formel de la Compagnie universelle du Canal maritime de Suez, s'il y avait obligation de doubler la voie actuelle.

Quant au projet d'un canal maritime par Alexandrie, au moyen de l'eau du Nil, il n'y a pas à s'en préoccuper, car des projets de ce genre ont déjà été conçus, et, quoique arbitraires et insensés, ils n'en furent pas moins soumis à l'examen consciencieux et désintéressé de la *grande Commission de savants de toutes les nations* maritimes qui fut nommée sur la demande collective du gouvernement égyptien et de M. Ferdinand de Lesseps en 1856, et qui, à la suite de délibérations approfondies et de recherches multiples dans ses excursions en Egypte et dans l'isthme, adopta un programme pour déterminer les bases du percement de l'isthme sur le seul emplacement qui lui parut remplir les meilleures conditions pratiques pour la réunion des deux mers, et qui fut le canal direct à niveau sans écluses.

Voici, à ce sujet, les conclusions qu'elle adopta pour rejeter le projet d'un canal maritime, allant d'Alexandrie à Suez, avec alimentation par le Nil :

« Si l'on admet, par impossible, que cet essai
« puisse se faire, et que *cette témérité réussisse*,
« il en résultera que le niveau des eaux au
« barrage devra être au moins de 0.20 supérieur
« à celui des terrains cultivés, et provoquera
« en été dans ces terrains des infiltrations de
« bas en haut ; or, l'effet de ces infiltrations
« est bien connu de ceux qui ont habité
« l'Egypte et l'on sait qu'elles ne tardent pas
« à frapper le *sol de stérilité en le couvrant*
« *d'efflorescences salines*; et diminuerait la ri-
« chesse agricole du pays au lieu de l'accroître,
« etc., etc.

Parlant ensuite d'un autre projet identique, et pour lequel un pont-canal était obligatoire pour la traversée du Nil, la Commission en fait également, par cette hypothèse, ressortir ainsi toute l'absurdité.

« D'abord, dit-elle, ce pont-canal devrait avoir
« tout au moins un kilomètre de long, pour
« fournir un débouché suffisant au cours du
« Nil, sa largeur devrait être de 38 mètres
« environ, etc.

Parlant ensuite de la hauteur que ce pont
devrait avoir, la Commission déclare : « Qu'il
« devrait avoir 30 mètres à peu près au-dessus
« de l'étiage du Nil, soit 45 mètres au-dessus
« de la Mer Rouge et de la Mer Méditerranée,
« et que, pour racheter cette différence, il fau-
« drait construire sur chaque versant, 14 ou 15
« écluses de 3 mètres de chute !!!

Dans ces conditions, combien de navires
pourraient transiter par jour ? nonobstant la
longueur triple du trajet et les embarras de
toutes sortes, indépendamment de l'obligation
de remanier de fond en comble le système
hydraulique du pays, très-complexe, sur lequel
repose la richesse agricole d'une très-grande
partie de la Basse-Égypte et qui doit au contraire conserver toute la liberté d'extension et
de déplacement qu'il comporte aujourd'hui.

En outre, des accidents graves de toute
nature que cet énorme changement pourrait
causer et qu'il est impossible de prévoir, ce
serait une source inépuisable de conflits, soit
avec le gouvernement conservateur vigilant des
canaux, soit avec les particuliers ; en tout cas,

ce serait une charge très-lourde que s'imposerait la Compagnie et à laquelle les partisans de ce tracé ne semblent pas avoir suffisamment pensé, etc.

Pour l'entrée par le port d'Alexandrie la Commission dit :

« Le chenal s'ouvrirait au milieu d'un banc
« sous-marin de sables mobiles auxquels les
« tempêtes du N.-O. et du N.-E. impriment
« un mouvement de va-et-vient ; il serait exposé
« aux envahissements de ces sables et il ne
« pourrait être maintenu qu'au moyen de dra-
« gages.

« Aussi, le port vieux d'Alexandrie est loin
« de se prêter au débouché économique et pra-
« tique du canal.

« Le tracé du canal *de Suez par Alexandrie*,
« par le haut du Delta *est donc inadmissible*
« *au point de vue technique*.

« En admettant même qu'on puisse réussir
« à l'achever, il ne pourrait pas se conserver
« parce qu'il *porterait en lui-même le germe de*
« *sa propre ruine*, aussi bien que celle de la
« Basse-Égypte.

« Si les tracés indirects que nous venons
« d'examiner *et tous ceux qu'on pourrait ima-*
« *giner dans le même genre* présentent tant
« de difficultés, en ce qui regarde le système

« hydraulique et agricole de l'Egypte et la tra-
« versée du Nil.

« Le tracé direct présente, au contraire, avec
« *l'abréviation du parcours, une facilité tout-*
« *à-fait inespérée d'exécution et la certitude*
« *d'une conservation facile.*

« A nos yeux, si le tracé direct n'était pas
« possible, il faudrait peut-être renoncer à la
« jonction des deux mers par un canal de
« grande navigation, car les autres moyens de
« réunir ces mers sont, comme nous venons
« de le démontrer, bien difficilement praticables,
« etc.

« . . . . »

Voilà donc, résumée, l'opinion de savants
compétents, jugeant, dès 1856, en toute cons-
cience et désintéressement, le projet d'exécuter
le canal maritime par Alexandrie.

Le lecteur saura maintenant quel crédit il
doit donner aux bruits périodiques qui se ré-
pandent au sujet des intentions qu'auraient les
Anglais d'exécuter un canal maritime sur le
trajet de Suez à Alexandrie. Mais en admettant
même que la société qui pourrait se fonder
dans ce but puisse vaincre la résistance que
le gouvernement égyptien, malgré sa faiblesse
actuelle, lui opposerait forcément pour la conservation de la richesse agricole du pays, et
que cette société puisse faire également bon

marché des droits de la Compagnie de Suez, droits que nous avons démontré déjà, ce canal aurait double cause de ruine : celle de l'entretien et celle surtout de ne pas avoir de trafic ; évidemment jamais un navire préférera s'engager dans un canal qui lui offrira tant de dangers et de risques à courir, avec un parcours triple (450 kilomètres contre 150), tandis que le canal actuel offre, quoi qu'on en dise, tant de facilités.

Il ressort donc de ces explications que la solution rationnelle de la construction d'une seconde voie ne pourrait être ailleurs que dans le talweck de l'isthme, c'est-à-dire dans l'emplacement occupé par la Compagnie universelle du Canal maritime de Suez ; mais alors nous avons vu les droits de possession qu'elle détient en *vertu des actes de concession et de plus, aujourd'hui, de premier occupant.* Ce serait donc à elle et à elle seule qu'il appartiendrait d'étudier l'opportunité d'une seconde voie, de l'admettre en principe ou de la rejeter.

On ne peut mettre en doute un seul instant tout l'intérêt et le désintéressement dont la Compagnie de Suez a toujours fait preuve pour améliorer la navigation ; depuis l'inauguration du canal, chaque année, elle a affecté des sommes relativement considérables aux améliorations des jetées, des talus et des courbes ; en ce moment encore elle exécute un programme d'amélioration générale qu'elle s'est spontanément imposé et dont elle espère obtenir un excellent résultat pour les seuls intérêts du commerce et qu'elle doit l'achever *en 5 ans*, affectant à ce travail 25 millions de francs qui devaient être répartis en 25 annuités; mais elle a préféré en devancer la dépense, continuant ainsi à montrer, pour les intérêts généraux, le désintéressement le plus grand.

Cependant tel qu'il est en ce moment, le Canal de Suez peut donner passage à une navigation encore plus active que celle qui existe.

Toutefois, si le transit de ces dernières années devait suivre une marche aussi intensive de progression, il y aurait lieu de craindre que, même après l'exécution du programme d'améliorations actuellement en cours, le canal fut insuffisant, c'est-à-dire que le temps du trajet, ne fut malgré cela sensiblement augmenté encore pour chacun des nombreux navires qui l'emprunteraient à cette date, et qu'il fallût 5 ou 6 jours au lieu de 2 ou 3, comme il est aujourd'hui (il atteint même souvent 4), ce qui est beaucoup, attendu que pour un bâtiment qui n'aurait à subir aucun arrêt, ce trajet pourrait être franchi en 12 ou 15 heures au plus.

Dans cette éventualité, on peut admettre que le commerce, toujours guidé par ses intérêts, élève la voix et, prévoyant l'échéance prochaine d'un pareil état de choses, s'alarme, et que cette alarme soit jetée par les plus intéressés, les *Anglais*, puisque leur commerce, ainsi que nous l'avons déjà vu, entre pour 75 0/0 dans le trafic total du canal.

Mais alors il conviendrait, ainsi que nous l'avons déjà dit, que ces doléances soient présentées sans bruit, sans clameurs et de bonne foi, soit directement des chambres de commerce à la Compagnie, soit par l'intermédiaire du gouvernement britannique à la Compagnie de Suez, directement aussi, puisque, seule, cette dernière est apte et a droit d'en être saisie comme nous l'avons péremptoirement démontré.

Les honorables administrateurs délégués par le gouvernement anglais auprès de la Compagnie de Suez et principalement messieurs Wilson et Stock, dont nous connaissons la droiture et l'esprit d'équité, partageront, nous en sommes convaincu, les idées que nous émettons et aideront à les faire admettre et partager aussi par leurs compatriotes.

Conclusion avec indication des moyens à employer pour atteindre le but recherché, afin d'arriver à satisfaire les intérêts du commerce sans léser ceux de la Compagnie.

Il faut avant tout considérer que la Compagnie n'est qu'usufruitière du Canal de Suez, pour un temps relativement court (c'est d'ailleurs l'opinion généralement admise que la durée de la concession de la Compagnie est de 99 ans seulement); cependant, en lisant attentivement l'article 16 de l'acte de concession qui prévoit au 3ᵉ alinéa la continuité de plusieurs périodes *avec détermination des redevances*, nous nous sommes demandés pourquoi cette clause si la Compagnie ne devait continuer à jouir *à sa volonté seule* des bénéfices de ces prologations successives. C'est un point de droit que, dans notre humilité, il ne nous est pas possible de trancher; mais, au point de vue du bon sens seul, il nous parait incontestable que le rédacteur de cet article a eu *l'intention de donner à la Compagnie seule le droit d'opter* à l'expiration successive des périodes de 99 ans, entre l'abandon du canal, auquel cas le 2ᵉ alinéa de ce même article 16 pourvoit et satisfait pour les réglements des comptes à intervenir, ou bien de continuer à sa volonté à jouir de l'exploitation, auquel cas également le 3ᵉ alinéa prévoit et réglemente pour toutes périodes, en indiquant pour la deuxième période 20 0/0, au lieu de 15 0/0 de redevance au bénéfice du gouvernement égyptien, puis ensuite 25, 30 et 35 0/0, chiffre maximum qui ne doit pas être dépassé.

Nous sommes d'autant plus portés à admettre nos conclusions en faveur du droit d'option à la Compagnie seule, que ce genre de contrat et cette façon d'agir rentrent dans l'esprit des lois et des coutumes musulmanes, où *l'occupant ne peut être dépossédé tant qu'il paye l'impôt ou le loyer*. Aussi étant donné les grandeurs de vues de Saïd-Pacha, son amitié pour le Président et les coutumes de son pays, il a certainement eu l'intention de concéder à la Compagnie ce qu'il concédait à d'autres personnes tous les jours, c'est-à-dire la perpétuité du don ; aussi a-t-il, sans équivoque possible, préalablement imposé les conditions dans lesquelles se continuera la possession du gage à la seule volonté de la Compagnie, sans quoi évidemment la prescription du 3ᵉ alinéa n'aurait aucune raison d'être ; d'ailleurs pourquoi aurait-on défini la redevance pour chaque période et limité surtout le chiffre de 35 0/0 comme maximum ne devant pas être dépassé, c'est que Saïd-Pacha, non-seulement considérait donner à la Compagnie la jouissance perpétuelle de l'isthme, mais entendait *imposer à ses successeurs* les conditions dans lesquelles elle devait se continuer.

Dans tous les cas, nous pensons qu'il serait d'un grand intérêt pour les actionnaires de connaître l'opinion des jurisconsultes et surtout des jurisconsultes musulmans sur cette clause ; car si nos conclusions étaient confirmées, les valeurs de Suez prendraient une importance nouvelle et considérable (ce serait l'accomplissement du souhait si pathétique de notre Président à la dernière assemblée, disant qu'il entendait que non-seulement les actionnaires aient fait une bonne affaire, mais qu'ils devaient y trouver une fortune).

Quoi qu'il en soit de la digression que nous venons de faire, nous devons dire et rappeler à nouveau pour ce qui va suivre :

Que la Compagnie a obtenu du gouvernement égyptien le *droit réel et exclusif* de réunir les deux mers ;

Qu'elle a exécuté ses engagements et tenu ses promesses ;

Et livré le canal à la grande navigation. Or, tel qu'il est aujourd'hui, le canal a reçu sa sanction et sa consécration ; la Compagnie n'a qu'à jouir en paix des résultats de son œuvre ; elle ne peut être tenue de s'imposer d'autres sacrifices pour la détention d'un gage, dont elle n'a aux yeux de bien des gens que temporairement la jouissance,

En principe, telle serait et pourrait être la réponse que la Compagnie serait en droit de faire, et que la plus simple notion de justice corrobore ; toute prétention contraire serait abusive et hors de droit ainsi que de l'équité ; car obliger la Compagnie à améliorer son gage sans compensation, comme à contester ses droits sous le prétexte de grosses recettes, reviendrait à dire à toute société, la Banque d'Angleterre, la Banque de France, des mines d'Anzin et autres, qui par suite de l'extension de leurs affaires et à cause de cette extension voient leurs titres s'élever à dix et cent fois leur taux d'origine, qu'elles sont tenues de modifier leurs statuts et d'abandonner leurs droits, cause initiale de leur prospérité : personne ne l'oserait et personne n'y pense.

Eh bien ! la Compagnie de Suez doit prétendre à jouir également du droit commun ; c'est déjà bien assez pour elle que d'avoir eu à supporter et subir, par le fait, de la décision de la Commission Internationale de Constantinople de 1874, et, par suite d'une fausse interprétation sur le mode d'application de la formule du tonnage par cette Commission, la Compagnie s'est vue depuis cette époque retirer *un tiers* des revenus généraux qu'elle était en droit de prélever.

Cependant l'intérêt général dont la Compagnie

a le plus grand souci, et qui l'a toujours guidée avant tout, nous est un sûr-garant qu'elle accueillerait avec satisfaction et bienveillance toute demande qui aurait pour but de faciliter au commerce la rapidité du transit, d'autant mieux qu'elle serait assurée à l'avance que les gouvernements ou les chambres de commerce qui feraient ces demandes, seraient elles-mêmes désireuses de lui en assurer et faciliter les moyens par une compensation quelconque pour les dépenses qui lui incomberaient de ce chef.

Aussi, dans le but d'éloigner tout soupçon de retard et de partialité, ainsi que pour rester complétement à l'abri de tout reproche ultérieur, nous conseillerons à la Compagnie de Suez de provoquer *préalablement à tous projets quels qu'ils soient*, techniques, financiers ou commerciaux, soit que le comité en prit lui-même la décision, soit qu'il crut nécessaire d'en demander l'autorisation aux actionnaires, *pour adopter la formation d'une Commission spéciale et civile d'hommes techniques, marins, armateurs et savants*, dont le but unique consisterait à exposer son avis et ses conseils sur la situation.

Cette commission serait composée de délégués de toutes les nations maritimes choisis parmi les hommes les plus éclairés, capables et distingués de leurs pays respectifs, dans une proportion déterminée ; ainsi composée, une telle réunion d'hommes désintéressés assurerait à ces décisions, équité, justice et autorité pour statuer sur les meilleures mesures à prendre ; elles seraient, en outre, incontestablement acceptées par tout le monde.

D'ailleurs, le canal tel qu'il est, a été exécuté en vertu des décisions d'une commission européenne semblable nommée sur la demande du gouvernement égyptien et de M. de Lesseps, et la Compagnie s'en est bien trouvée. C'est pourquoi nous croyons qu'il serait de bonne politique aujourd'hui, qu'une nouvelle commission reçoive mission d'indiquer les changements et modifications que l'expérience acquise peut faire reconnaitre, et que les nouveaux besoins exigent parce que la Compagnie, quelque bonne volonté elle puisse y mettre, ne pourra parvenir à éviter les épigrammes et les doutes, puisqu'elle serait, en telle occurrence, *juge et partie* ; c'est donc à notre point de vue un grand avantage pour elle que de remettre la solution de la question à un tiers désintéressé.

Car, en définitive, la Compagnie ayant exécuté ses engagements ne doit pas intervenir seule vis-à-vis les plaintes du commerce qui surviennent et surviendront forcément périodiquement ; il faut une sanction incontestable, et cette autorité ne peut être acceptée en pareilles circonstances que si elle émane d'une commission indépendante, pour que *les avis et les conseils* qu'elle émettra puissent s'imposer à tous par la qualité de ses membres, jugeant, comme nous l'avons dit, en toute équité, sincérité, justice et désintéressement.

Ladite commission aurait pour mission de se rendre en Égypte avec un programme préalablement adopté par la Compagnie de Suez et résumant les diverses questions à résoudre et posées par les chambres de commerce des principaux ports de mer.

Ce programme serait divisé en deux chapitres principaux que nous entrevoyons devoir être ainsi :

PARTIE COMMERCIALE.

PARTIE TECHNIQUE.

PARTIE COMMERCIALE

1° Quel était le transit général du commerce général de l'Extrême-Orient avec l'Europe à différentes périodes :

« Celle de 1856, époque où les travaux de l'isthme ont commencé ;

« Celle de 1869, époque de l'inauguration du canal ;

« Et enfin celle d'aujourd'hui, époque où le commerce demande une seconde voie ?

2° Rechercher les causes de l'augmentation intensive du commerce, surtout depuis ces dernières années, etc.

Faire ressortir du transit général celui qui prend la voie du cap et celui qui prend la voie de l'isthme, etc.

3° Quelle était la quantité de navires à voile et de navires à vapeur en 1856, avec leurs capacités respectives?

4° Ce qu'elle est aujourd'hui.

5° Ce qu'elle tend à devenir, en rechercher les causes et répartir par nationalités.

6° Rechercher pourquoi la route du cap est encore suivie ; dire qu'elles sont les marchandises qui y passent, leur valeur, etc.

Déterminer approximativement celles des marchandises qui doivent forcément l'abandonner pour la voie de l'isthme de Suez.

7° Examiner au point de vue économique la charge que fait peser sur le *fret réel* des navires le prix du tarif perçu par la Compagnie, suivant la formule imposée en 1874 ; faire ressortir également la diminution dont les marchandises bénéficient sur les assurances par la route du canal, en comparaison de ce que seraient les primes à payer pour ces mêmes marchandises par la route du cap et ramener à l'unité.

8° Voir également si, malgré ces réductions

qui font descendre presque à *zéro* le prix du transit, il y a encore des marchandises qui, s'exportant, pourraient de préférence prendre la voie du cap et en dire les motifs.

9° Enfin déterminer dans les limites les plus justes possibles, qu'elle devra être la perspective de l'accroissement annuel de la navigation dans le canal pour deux périodes successives de dix ans.

La Commission technique pourra alors se prononcer sur la situation et reconnaître s'il y a lieu :

1° De maintenir le programme des travaux d'amélioration actuellement poursuivi par la Compagnie ;

2° D'élargir le cadre de ce programme ou bien, ce qui est notre avis, s'il convient de l'arrêter pour adopter de suite le projet de créer une deuxième voie, etc.

PARTIE TECHNIQUE

La Commission Internationale de 1856 s'est trouvée réellement à la hauteur du sujet qu'elle avait à traiter.

Aussi conseillerons-nous à la Commission actuelle de s'inspirer tout d'abord du rapport de sa congénère de 1856 ; elle verra que cette commission avait adopté et prescrit :

« 1° La construction d'un canal approprié à
« la grande navigation.

« Que le canal devait avoir 44 mètres au
« plafond (il n'a été exécuté qu'à la largeur de
« 22 mètres seulement pour cause d'économie
« forcée).

« 2° D'un canal d'irrigation approprié à la na-
« vigation fluviale du Caire à Ismaïlia.

(Cet ouvrage vient d'être achevé il y a quelques années seulement par le gouvernement égyptien qui en avait pris charge).

« 3° De deux dérivations, l'une sur Suez et
« l'autre sur Port-Saïd.

(Une seule de ces dérivations d'eau douce est depuis longtemps achevée, c'est celle qui alimente la ville de Suez, tandis que l'autre, celle sur Port-Saïd, reste à faire ; mais le projet avec plans et devis vient d'être consciencieusement étudié et achevé par une société créée sous les auspices et sous la direction de M. Ferdinand de Lesseps. Cette société n'a pu, jusqu'à présent, vaincre les résistances du gouvernement égyptien et ce canal si utile n'a pu être commencé).

« 4° Le lac Timsah devra être converti en
« *un port intérieur avec murs de quai et bas-*
« *sins de radoub.*

(Il n'a été rien fait de cette dernière prescription, si ce n'est le dragage du seul emplacement du canal dans son passage sur un des côtés du lac Timsah).

Telles étaient en 1856 les bases arrêtées et entrevues comme indispensables à la grande œuvre du canal, lorsqu'à l'époque il n'existait aucun précédent sur lequel la commission eût pu baser son dire.

Aujourd'hui le canal a été exécuté ; il fonctionne depuis douze ans ; il a des dimensions de largeur moins grandes que celles prévues (on en connaît les causes), mais enfin tel qu'il est il peut permettre, à des personnes d'expérience et de savoir, de se prononcer sur ses qualités et ses défauts et indiquer les améliorations et changements quelconques que réclameront les circonstances pour faciliter le transit.

Tout d'abord nous pensons que la commission devra reconnaître :

1° L'état du canal, le maintien des berges, la tenue des talus, celle des jetées, etc.; l'avantage que peuvent offrir au canal les deux chenaux latéraux ajoutés au profil primitif et exécutés de Port-Saïd à El-Fendane, et statuer s'il convient de conserver ce type élargi non-seulement aux parties basses, mais aussi de le continuer dans la traversée des seuils afin de conserver toujours indemne la cuvette des apports et des éboulements de sable.

2° La navigabilité du canal lors de l'ouverture; ce qu'elle est aujourd'hui par suite des améliorations apportées successivement et ce qu'elle serait après l'exécution du programme en cours d'exécution.

3° Comparer le projet de la Commission de 1856 et le rapprocher de ce qui existe; examiner si ce programme d'alors pourrait être repris et s'il remplirait le but que l'on se propose d'atteindre actuellement ou bien si, par l'expérience acquise et vu *surtout la perpétuité de l'œuvre* pour laquelle on doit statuer, la Commission ne doit pas s'inspirer de larges idées et faire grand !! ainsi que l'avait fait la Commission de 1856 en adoptant un plafond de 44 mètres de largeur, alors qu'elle n'avait en perspective qu'un trafic de 5 millions de tonnes pour les échanges entre l'Europe et l'Extrême-Orient, tandis qu'il atteint et dépasse aujourd'hui 20 millions.

Elle verra si elle doit admettre, comme pour un chemin de fer, une double voie parallèle, ce qui est même insuffisant pour les grandes compagnies de chemins de fer; (ainsi la ligne de Lyon double en ce moment et met quatre voies de Paris à Montereau), ou bien s'il ne serait pas plus pratique dans l'espèce, d'avoir une seule voie à large section.

4° Examiner cependant l'effet que produirait l'exécution d'une seconde voie en laissant le canal actuel dans les dimensions et tel qu'il se trouve ; déterminer alors la largeur de cette seconde voie, ainsi que son emplacement et tracé en lui assignant, autant que possible, une ligne droite, et déterminer également l'importance des terrassements.

5° Dans l'hypothèse qu'une seule voie à grande section fut la solution reconnue la plus pratique (ainsi que nous l'entrevoyons), la Commission devra déterminer la dimension qu'il conviendrait d'adopter pour que deux navires, allant en sens inverse avec une vitesse moyenne *déterminée et limitée*, puissent se croiser sans encombre en marche, et même qu'un troisième navire put au besoin stationner sur un des bords, soit par suite d'avaries, soit pour toute autre cause. (Voir profil n° 3.)

La Commission de 1856 avait elle-même admis les croisements en marche, c'est ainsi qu'elle avait adopté la largeur de 44 mètres au plafond et une seule voie ; mais alors les bateaux étaient plus petits et moins nombreux qu'aujourd'hui ; elle avait établi ainsi ces dispositions en s'appuyant, en outre, sur l'exemple qu'elle cite elle-même dans ses conclusions, du canal le Célédonien et celui de *la Nord-Hollande* qui avaient 38 mètres au plafond.

Tandis que, actuellement, les steamers ont des dimensions considérables et une capacité 4 ou 5 fois plus qu'autrefois; en outre, leur nombre croit et augmente chaque année; dès lors nous pensons que la Commission devrait adopter une largeur minimum de 100 mètres au plafond.

En cette occurrence et dans le but de hâter la facilité que la Compagnie désire donner au commerce d'un passage plus rapide, la Commission se prononcerait pour prescrire ou non, d'ouvrir d'abord sur le côté opposé une seconde voie dans les limites respectives, telles que la réunion ultérieure des deux voies n'en forme plus qu'une seule qui aurait alors au minimum 100 mètres au plafond. (Nous disons 100 mètres au minimum au plafond parce que l'expérience ayant démontré que les courbes sont sinon impraticables, du moins fort gênantes et dangereuses pour un canal maritime dont les navires qui l'empruntent ont jusqu'à 135 et 140 mètres de longueur; on devra donc adopter, autant que faire se pourra, une ligne droite pour le nouveau côté du tracé).

Également, dans cette prévision de réunion des deux voies en une seule, la Commission prescrirait que la nouvelle voie à créer fut d'abord d'une dimension beaucoup moindre que celle actuelle, afin de la livrer plus tôt à la navigation, pour ensuite continuer son élargissement selon qu'il serait ordonné.

A notre avis, 15 mètres au plafond nous paraîtraient suffisants ; mais la Commission devra prescrire également l'enlèvement de la partie A' en même temps qu'on exécuterait la partie A, indiquées aux croquis 1 et 2 ci-contre, afin de ne laisser que la partie B à draguer ultérieurement.

6° Étudier les motifs qui ont amené (contrairement aux premières prévisions), les compagnies de navigation à prendre comme entrepôt de charbon Port-Saïd plutôt que Ismaïlia, où toutes les facilités *ad hoc* se rencontrent, et s'il ne serait pas désirable, qu'à cet effet, ainsi que pour la rapidité de ces opérations et de celles du transit en général, le lac Timsah ne fut approfondi à 8 mètres, sinon sur toute son étendue, mais au moins sur une notable surface.

Nous noterons incidemment que si le projet d'une seconde voie indépendante complètement de celle existant actuellement et sans esprit de les réunir ultérieurement, parut sinon préférable pour la navigation, mais plus économique pour l'exécution et que l'on dirigeât le tracé à volonté, nous croyons que l'économie ne serait qu'apparente, attendu que les deux voies devront avoir les deux entrées communes, celles de Suez et de Port-Saïd, et que l'on sera tenu forcément de les réunir deux fois aux lacs amers

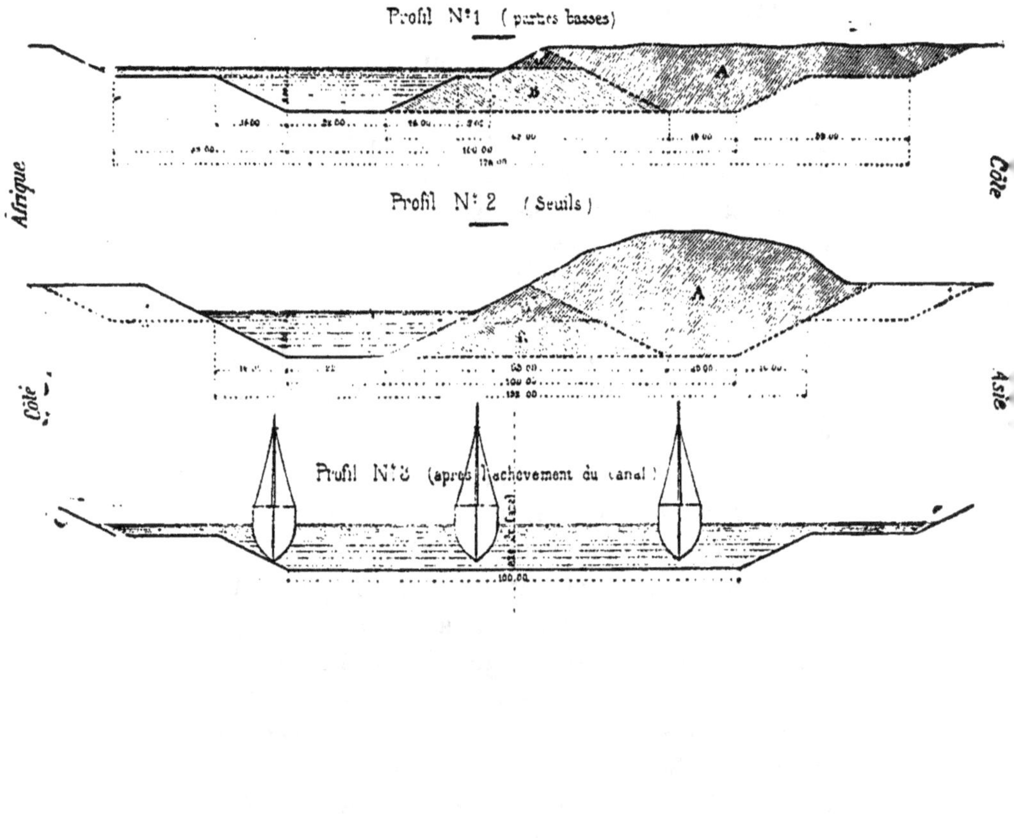

Profil N° 1 (parties basses)

Afrique

Côte

Profil N° 2 (Seuils)

Côté

Asie

Profil N° 3 (après l'achèvement du canal)

et Timsah ; or, cette deuxième voie devrait donc
affecter la forme de deux immenses courbes
(anse de panier), qui en augmenteraient nota-
blement la longueur et par conséquent la dépense.

La Compagnie ne serait pas dispensée non
plus de prévoir des garages et d'avoir par conséquent double personnel et plus de difficulté
dans la surveillance du transit.

Elle devrait, en outre, solliciter du gouvernement égyptien (qui l'accorderait c'est probable),
la concession de terrain du nouvel emplacement
choisi pour la deuxième voie.

Tandis que, par le projet qui consisterait à
n'avoir ultérieurement qu'une seule grande voie,
la Compagnie ne dépenserait probablement pas
d'avantage ; elle éviterait, nous en sommes convaincu, la demande de concession, car la bande
de 4 à 500 mètres que la Compagnie possède
suffit aux besoins et la Compagnie y gagnerait
encore la facilité pour elle de supprimer une
grande partie de son personnel de garage et
peut-être une grande partie de celui des agences
de Suez et de Port-Saïd, ou tout au moins la
nature de leurs fonctions pourraient être différentes. (1)

---

(1). Voir sur le plan annexé : 1° la variante projetée pour
supprimer les courbes et améliorer la navigabilité du canal ;
2° la description à la page 66 de l'appendice.

7° Voir également si pour les besoins du commerce il ne serait pas fort utile que la belle chute d'eau, offerte gratuitement par le grand et beau canal Ismaïlieh (le plan d'eau du canal par rapport à celui du lac Timsah donne une différence de 7.50 à 8 mètres !!), ne fut employée pour la création de *bassins de radoub*, déjà prévus en 1856.

L'accès de ces bassins serait des plus faciles et des moins coûteux aux nombreux navires qui passent forcément à Ismaïlia; ils rendraient de grands services au commerce, car les formes de radoub, toujours fort dispendieuses à établir et d'un fonctionnement toujours très-onéreux, sont, à cause de cela, réparties avec parcimonie et font même défaut à beaucoup de ports de mer, quand cependant un navire a le plus grand avantage pour sa marche, comme pour son entretien, d'y passer au moins deux fois par an.

Or, à Ismaïlia, on pourrait créer 8 à 10 bassins de radoub, et plus même, à la suite les uns des autres avec la plus grande facilité et économie, puisque remplis par l'eau douce, ils seraient construits à sec au-dessus du lac Timsah et des terrains environnants; ils auraient des dimensions et profondeurs variables afin d'économiser la consommation de l'eau douce pour le remplissage des diverses sacs (car il est évident qu'un navire qui n'aurait que 5 ou 6 mètres de jauge et 80 ou 100 mètres de largeur, n'aurait besoin que de ces mêmes dimensions relatives pour entrer au bassin).

L'accès des bassins de radoub serait obtenu au moyen d'une écluse marine unique, de 16 mètres de profondeur et fondée à 8 mètres au-dessous du plan d'eau du lac Timsah ; elle serait adossée à un immense réservoir d'eau douce, circonscrit et alimenté directement par le grand canal Ismaïlieh et Calculé, d'une superficie telle que le remplissage des bassins de radoub ne puisse provoquer un notable abaissement de niveau du réservoir, ainsi que de celui du canal Ismaïlieh lui-même. Pour la manœuvre des portes de cette gigantesque écluse, on pourrait appliquer et utiliser le système usité dans plusieurs grands ports de mer : (Les accumulateurs hydrauliques), dont la force toute gratuite, également pour cet usage, ainsi qu'abondante, servirait à l'ouverture et à la fermeture de ces énormes portes ainsi qu'à toute autre manipulation.

On voit d'ici avec quelle rapidité s'opérerait le remplissage, comme la vidange des bassins de radoub, et aussi quelles économies résulteraient pour le commerce dans les frais toujours fort coûteux de l'usage des bassins de radoub, car indubitablement le coût serait beaucoup moindre à Ismaïlia que *partout ailleurs* ; ils offriraient, en outre, cet inappréciable avantage d'être en assez grand nombre pour qu'un bâtiment puisse y entrer le jour et à l'heure qu'il en ferait la demande, à sa volonté, sans avis préalable.

La Compagnie, en dehors de la satisfaction d'un service rendu, aurait également l'occasion d'y trouver un revenu notable, soit qu'elle exploitât elle-même, soit qu'elle cédât la concession à une société ou bien à un particulier.

L'eau de vidange des bassins ainsi que le trop-plein du réservoir d'alimentation serait conduite dans une rigole spéciale et utilisée à l'irrigation des terrains bas de la vallée qui s'étend d'Ismaïlia vers Bir-abou-ballah et Toussoum jusqu'au sérapéum, et pourrait donner lieu à une culture maraîchère et autres, très-productives.

Il est facile de se convaincre que si les travaux que nous venons d'indiquer, tels que le dragage du lac Timsah et la construction des bassins de radoub étaient faits, un simple réglement de la Compagnie relèverait Ismaïlia et en ferait, ce *qu'elle doit être et sera un jour : une des villes les plus belles et les plus prospères de l'Egypte,* envers et contre tous les obstacles qu'on pourra encore y créer.

8° Examiner et statuer sur l'opportunité croissante de l'exécution *de la 2ᵐᵉ branche de dérivation du canal d'eau douce d'Ismaïlia à Port-*

Saïd ; adopter ou modifier les projets déjà dres-
sés à cet effet, afin de doter au plus tôt cette
partie de la Province de l'isthme et en particu-

lier Port-Saïd des bienfaits de l'eau douce en
abondance, ce dont elle est privée et porte atteinte
à son hygiène, à son développement, ainsi qu'au
bien-être général du commerce et des habitants.

Statuer également sur le vœu émis à plusieurs reprises par le commerce de Port-Saïd,
pour que cette dernière ville soit reliée avec le
réseau des chemins de fer de l'État égyptien,
parce que l'exécution de la branche de dérivation
permettrait probablement de donner satisfaction
à ce vœu en utilisant l'une des berges du canal
pour y placer la voie qui relirait alors Pord-Saïd
par Ismaïlia au réseau égyptien ; cette combinaison aurait triple avantage, d'abord : 1° de donner satisfaction au commerce d'un des principaux ports de l'Egypte ; 2° au gouvernement de
lui coûter relativement peu, et en outre d'avoir la
satisfaction de voir ce grand centre relié à la
métropole par une voie rapide, enfin celui de
diminuer les dépenses de la construction des
berges de cette partie d'Ismaïlia à Port-Saïd par
la Compagnie qui exécutera ce travail. [1]

Quelle que soit la somme de compensation que

---

[1] Voir sur le plan, le tracé projeté du canal de dérivation
et de la voie ferrée.

le gouvernement alloue, elle sera toujours relativement faible pour lui, d'autant plus que l'équité du gouvernement lui fait un devoir depuis longtemps, non seulement de relier Port-Saïd à son réseau de voies ferrées, mais de l'alimenter d'eau douce lui-même et par ses propres moyens, comme il le fait pour toute autre ville de l'Égypte.

9° La commission résumera tous les travaux, en appréciera les résultats, les conséquences ainsi que la dépense approximative qu'ils entraîneront.

Elle déclarera, en outre, que tous les travaux prévus à son programme et dont nous venons de faire l'énumération approximative sont, non-seulement indispensables, mais qu'ils sont le corollaire obligé *pour reconnaître et admettre que le canal de Suez est réellement achevé dans l'acception du mot ainsi que selon l'esprit des actes de concession.*

La Commission invitera alors la compagnie à les exécuter en lui indiquant en même temps les moyens d'y pourvoir.

A notre avis la Commission a le moyen tout trouvé de compensation à présenter à la Compagnie.

D'abord, nous rappellerons ici pour mémoire que, lors de la réunion à Constantinople, en 1874, de la Commission pour l'interprétation du mode de jaujage, la décision de cette Commission a eu pour principal effet (ce n'est que trop vrai), d'enlever à la Compagnie 1/3 du tonnage qu'elle avait droit de percevoir; mais ladite commission trouvant excessif l'effet de cette mesure, offrit en même temps à la Compagnie une légère compensation : elle éleva le chiffre unitaire et statutaire de 10 à 13 francs sous la condition expresse de faire annuellement et pendant 30 ans un million de dépenses en améliorations, puis de diminuer de 0.50 centimes par année, à partir d'un chiffre de recettes déterminé, et cela jusqu'à concurrence du tarif *fixe de dix francs.*

Or, le tarif est aujourd'hui descendu de deux francs; il est actuellement de 11 francs; il ne reste donc que deux annuités à courir, soit un franc seulement à diminuer.

Les travaux que la Commission doit prescrire sont bien plus importants que ceux imposés par la Commission de Constantinople; cependant nous ne pensons pas qu'il soit nécessaire de relever le chiffre du tarif de ce qu'il est en ce moment, et qu'il suffirait, nous en avons la conviction, que la Commission propose *l'adoption de suspendre la clause de détaxe* et autorise la Compagnie à continuer la perception des droits du transit, sans modification sur le tarif actuel de 11 francs, et ce, jusqu'à ce que la

somme de dépenses dont la Compagnie s'imposerait le sacrifice nouveau fût compensée et
éteinte en capital et intérêts.

Ou toute autre combinaison analogue; mais
celle-ci nous a paru la plus simple à cause de
son origine première et le but de compensation
qui l'avait fait établir par la Commission de
Constantinople.

Elle est équitable, et nous avons la conviction qu'elle serait de préférence acceptée à
toute autre par le commerce, d'autant mieux
qu'elle n'aggraverait en rien la charge actuelle, et
que bien au contraire (cela sans paradoxe), ie
commerce y trouverait un allègement à bref
délai par le fait des travaux à exécuter, car il
serait assuré désormais d'une économie de 3 ou
4 jours sur le temps et la durée du trajet
lorsqu'il traversera le canal achevé dans les
conditions que nous venons d'énumérer ; or,
4 jours d'économie en frais de toutes sortes,
nonobstant l'avantage d'être 4 jours plus tôt
au port et rendu au milieu de sa famille!!!..
ce sont des avantages qu'il suffit d'entrevoir
pour être assuré que la combinaison serait
avec satisfaction acceptée, comme une charge
légère par le commerce.

Cette combinaison aurait, en outre, l'avantage
immédiat de résoudre la question financière pour
la Compagnie qui trouverait ainsi un gage sé-

rieux pour un emprunt s'il était obligatoire, ou toute autre combinaison de bons qu'il serait dans tous les cas facile d'amortir à court terme sans grever ni gêner en rien ses intérêts actuels.

Nous pensons, en outre, que la Commission ferait acte de réparation et s'honorerait elle-même, en déclarant (ainsi que nous l'avons déjà exposé à l'article 9 ci-dessus) que la Compagnie du canal maritime de Suez est autorisée à faire *remonter la durée de son acte de concession à partir de la date de l'achèvement des travaux qu'elle lui aurait prescrit et qui seuls assureront désormais l'achèvement complet du canal de Suez*; ce serait d'ailleurs répondre à l'esprit et à la lettre des actes de concession, et une compensation bien légère pour les difficultés que la Compagnie a vaincues, les risques qu'elle a courus, ainsi que les peines et soins qui lui incombent à nouveau.

Toutefois, et quoique l'article 16 du 2ᵉ acte de concession soit formel et donne à la Compagnie seule le droit d'opter pour la prolongation de la jouissance de son gage, et qu'il soit spécifié que la part revenant au gouvernement ne serait augmentée qu'après la première période de 99 ans, nous pensons qu'il serait opportun que le gouvernement égyptien qui a dû abandonner, pour le rétablissement de l'équilibre de ses finances, tous les avantages matériels qu'il possédait, soit de nouveau intéressé pécuniairement à cette grande œuvre, et que, moyennant l'approbation de sa part de la prorogation de la date de la durée de la première période de concession, par la Commission, sa part statutaire fut élevée de 15 à 20 0/0, à partir de l'achèvement du canal.

Telles sont les moyens de combinaison que nous entrevoyons, comme étant les plus simples, les plus équitables et les plus pratiques, aussi bien pour le gouvernement et la Compagnie que pour le commerce lui-même.

Nous ne doutons pas que la Compagnie ne les accueille avec satisfaction, parce que nous entrevoyons qu'elle y trouvera les ressources suffisantes pour achever son œuvre par l'ensemble des travaux prescrits, malgré leur imposante importance, laquelle peut s'établir à priori :

En admettant l'hypothèse d'un canal à 100 mètres au plafond par suite de celle de réunir les 2 voies en une seule, nous avons reconnu qu'il y aurait environ 38 à 40 millions de déblais à sec et 60 millions à draguer, et qu'à ces chiffres si on ajoute la branche de dérivation d'eau douce d'Ismaïlia à Port-Saïd, le dragage partiel du lac Timsah, les murs de quai du lac et les bassins de radoub, l'ensemble de la dépense pourrait atteindre le chiffre *maximum de 250 millions* de francs.

TEMPS DE DURÉE DES TRAVAUX

La deuxième voie provisoire pourrait être exécutée en 4 ou 5 ans et l'ensemble général des travaux en 8 ans au plus.

Ainsi donc avec une dépense de moitié, sur celle qu'il a fallu autrefois pour établir une simple voie étroite, il suffira aujourd'hui de cette somme relativement faible pour quintupler la largeur du plafond, *et parachever complètement l'œuvre du canal de Suez.*

Malgré le laps de temps nécessité pour les travaux de parachèvement, nous espérons qu'il sera permis au *Grand Français*, dont les vues ont toujours été si larges et si humanitaires, d'assister à la véritable inauguration de l'isthme qui, cette fois, ne sera plus traversé par une simple coupure, mais par un bras de mer que les navires *franchiront, sans arrêts ni garages, en 12 ou 14 heures au plus, avec l'immense avantage de pouvoir le traverser très-probablement, la nuit comme le jour !!!!!*

Ce sera alors un véritable bosphore que les géographes modernes ainsi que le monde entier appelleront désormais :

BOSPHORE DE LESSEPS

Paris, 11 Juin 1883.

Félix PAPONOT.

APPENDICE

NOTES ET OBSERVATIONS

N° 1.

Sur le plan ci-annexé, nous avons cru devoir figurer en traits ponctués, indiqués à la légende, *une variante* indiquant que sur un tiers du parcours du kilomètre 50 environ jusqu'à l'entrée des lacs Amers, on pourrait, sans augmentation probable des dépenses, exécuter le canal à 100 mètres de largeur, afin de supprimer et faire disparaître à jamais les nombreuses courbes qui se trouvent dans ce parcours et qui rendent la navigation très-difficile et très-dangereuse.

Une étude spéciale devra être faite à ce sujet ; car, dans tous les cas, qu'il s'agisse de créer une seconde voie indépendante, dans l'idée d'une voie montante et d'une voie descendante (ce qui ne supprimerait nullement les difficultés de navigation dont le commerce se plaint aujourd'hui, si l'on conservait pour l'une de ces deux voies celle qui existe actuellement) ou de ne créer qu'une seule voie à large plafond sur ce même emplacement ; c'est pourquoi nous pensons, par la connaissance que nous avons de la localité, que *l'emplacement indiqué au plan par la variante serait préférable à tous égards ;* d'ailleurs c'est dans ces parages que le tracé avait été prévu autrefois et il n'a été abandonné qu'en vue d'un désir du gouvernement de Son Altesse, pour répondre à un besoin stratégique.

Le plus grand inconvénient, à notre avis, serait d'obliger la Compagnie à demander la concession de ce nouvel emplacement, et, à vrai dire, ce ne serait même pas une concession nouvelle qu'il s'agirait de demander, mais simplement un échange d'emplacement, puisque dans l'hypothèse que nous entrevoyons de l'adoption d'une voie unique à 100 mètres de largeur, la partie actuelle du canal du kilomètre 50 aux lacs Amers serait rétrocédée au gouvernement en échange du nouvel emplacement qui, à priori, nous paraît devoir être adopté aussitôt après les études faites.

N° 2.

Nous avions achevé cette brochure, lorsqu'en relisant attentivement tous les actes de concession et conventions du gouvernement égyptien avec la Compagnie de Suez, nous avons reconnu que la dernière convention intervenue en février 1866 entre Son Altesse le Khédive Ismaïl et M. Ferdinand de Lesseps, à la suite de la sentence arbitrale de l'Empereur Napoléon III, il avait été introduit dans cette convention une clause qui, par l'article 15, détruit et annihile l'effet de l'article 16 de l'acte de concession de 1856 que nous interprétions, justement en faveur de la Compagnie de Suez ; cela devait être, car le gouvernement égyptien qui poursuivait avec tant de ténacité l'amoindrissement des privilèges de la Compagnie et qui avait parfaitement reconnu celui qu'elle avait sans conteste, *d'une possession perpétuelle du canal* devait-il tenir à ce que cette *si grosse, si importante et grave question fût tranchée et cette fois encore à son avantage,* par l'article 15 libellé ainsi :

« ARTICLE 15. — Il est déclaré à titre d'in-
« terprétation, qu'à l'expiration des quatre-vingt-
« dix-neuf ans de la concession du Canal de
« Suez, et à défaut de nouvelle entente en-
« tre le gouvernement égyptien et la Compa-
« gnie, la concession prendra fin de plein droit. »

Il ne reste donc aujourd'hui aucun doute sur l'interprétation de l'article 16 de l'acte de concession de 1856, la *Compagnie n'a plus de droits, elle a été dépouillée du plus grand de ses privilèges !* nous ne savons ce qui a pu l'obliger à consentir à l'abandon de ce droit si considérable de *posséder le canal à perpétuité ;* mais incontestablement nous avons la certitude qu'il est entré dans cet acte, de la part de la Compagnie, *plus de courtoisie, de déférence et de désintéressement, que des avantages....* car nous cherchons ces derniers et ne les trouvons pas ?

Ainsi donc, on constate toujours que la Compagnie, dans ses rapports avec le gouvernement, a constamment fait *preuve de grandeur d'âme et du plus grand désintéressement !*

Aussi persisterons-nous à émettre l'avis que, pour trancher les questions actuellement soulevées et donner satisfaction équitable à tout le monde commercial, y compris l'Angleterre elle-même, la Compagnie *devra recourir aux conseils et avis du tiers,* que nous avons indiqué : d'une Commission *toute* commerciale, civile et technique.

N° 3.

Une note de *l'agence Havas,* parue ces jours-ci, disait que lord Gladston avait déclaré à la Chambre des Communes, que l'entente s'établissait avec la Compagnie de Suez, mais que certaines questions concernant la diminution du tarif, n'étaient pas encore arrêtées définitivement et qu'il ne croyait pas alors pouvoir en dire davantage pour le moment...

Nous respectons ces scrupules, mais il nous semble qu'ils sont trop exagérés pour que la nouvelle en soit vraie ; nous croirions plus volontiers que cette nouvelle a été inventée à plaisir par les boursiers, car la Compagnie ne peut rien conclure sans l'approbation des actionnaires ; or il faudrait donc bien rendre publiques les conventions arrêtées entre les deux parties, et puis nous croyons qu'un accord seul entre la Compagnie et le gouvernement anglais serait insuffisant à cause de la situation toute particulière d'internationalité de la Compagnie vis-à-vis le commerce, ce qui fait à cette dernière un devoir de mettre ses *droits et ses intérêts sous la sauvegarde de toutes les puissances.* Il y a d'ailleurs un précédent qui confirme notre opinion ; il s'est présenté en 1874, lors du désaccord survenu entre les armateurs et la Compagnie de Suez, au sujet du mode employé par elle pour le mode de jaugage des navires. La Compagnie avait eu gain de cause auprès du tribunal de la Seine contre la Compagnie française des messageries maritimes, mais alors les puissances constituèrent une Commission européenne dont la sentence fut obligatoire pour la Compagnie du canal de Suez (1).

---

(1). Jusqu'alors chaque puissance avait la faculté ou du moins il était toléré tacitement par chacune d'elle que la pa-

Nous avons, en outre, d'autant plus lieu de croire que la dépêche *Havas* est erronée, et qu'elle a eu pour mobile des intérêts de bourse ; que, tout au contraire, nous entrevoyons que l'Angleterre, qui possède presque la moitié des actions « dont elle jouira bientôt du revenu » se gardera bien de demander avant longtemps et peut-être jamais, la réduction du tarif, car son maintien assurera à son commerce (qui, chacun le sait, entre pour 75 0/0 dans le trafic général du canal) *un moyen tout pacifique et régulier d'assurer le monopole* à ce dernier qui l'a toujours désiré et toujours cherché, et voici comment :

Le tarif étant égal pour toutes les nations et l'Angleterre *possédant comme gouvernement* « ainsi que nous l'avons déjà énoncé » presque

---

tente du navire indiquerait plus ou moins bien le nombre véritable des tonnes de capacité ; or, cette facilité avait créé des abus qui avantageaient le commerce de certaines puissances pour l'acquit des droits d'ancrage et stationnements, etc., dans les ports.

Aussi la Compagnie ne pouvait-elle accepter les chiffres indiqués sur ces patentes et faisait-elle mesurer et payer suivant les capacités reconnues ; de là des plaintes et récriminations nombreuses. Il y avait là réellement un point mal défini en principe mais pas en fait : c'est le seul qui exista dans l'exposé si clair et si précis des actes de concession, *aussi est-ce pourquoi les puissances purent se réunir et délibérer à ce sujet*, car la Compagnie du Canal de Suez n'était pas seule en cause : il y avait l'intérêt de tous les ports de mer ; de là un si grand intérêt à *unifer* le mode de jaugeage pour toutes, les marines, ce qui fut fait et reconnu par la Commission et adopté depuis par toutes les puissances.

la moitié du capital actions du canal, n'a qu'un but à satisfaire vis-à-vis sa créance au budget du royaume : c'est d'assurer à son capital 3 ou 5 0/0. — Or, il est facile d'entrevoir que l'Angleterre qui protège essentiellement sa marine et son commerce, pourra, sans qu'aucun contribuable puisse y trouver à redire, répartir le surplus du revenu (après la réserve de 3 ou 5 0/0 applicable à sa créance) et le *verser aux mains des armateurs au prorata des sommes* payées par chacun d'eux pour l'acquit des droits à la Compagnie, et diminuer ainsi les dépenses faites, au grand avantage du commerce anglais qui, par le fait, *obtiendrait seul une réduction considérable du tarif* sans grever le budget de l'État, tandis que si les autres puissances voulaient faire le même avantage à leur commerce ce serait au détriment de leur budget, par conséquent nous sommes fondés à admettre que l'Angleterre ne vise pas à demander la réduction des tarifs.

Quoi qu'il en soit, nous ne voyons pas sur quoi l'Angleterre ou toute autre nation, pourraient baser leurs prétentions, pour demander légitimement et obliger la Compagnie à consentir, non seulement à l'abaissement du tarif, mais à lui imposer l'obligation de faire de nouveaux travaux sans compensation ?

Aussi nous le répéterons encore, *la Compagnie ayant accompli ce qu'elle devait et rempli ses en-*

gagements n'a qu'à jouir des résultats de son œuvre; tout acte ou mesure qui aurait pour but de lui imposer gratuitement de nouveaux sacrifices, ou de permettre à une autre société de créer un canal en concurrence avec le sien, serait, nous l'avons prouvé, inique et contraire au droit.

29 Juin 1883.

F. P.

ERRATA

Page 10, à la 5ᵉ ligne, lire *serrait* au lieu de suivait.

Page 18, à la 22ᵉ ligne, lire *aussi-nous demandons-nous ce qu'ils veulent dire ?* au lieu de ce qu'ils veulent dire.

Page 20, 10ᵉ ligne, lire *diriger* au lieu de désigner.

Page 25, 1ʳᵉ ligne, lire *dérivées* au lieu de dérivée.

TABLE

PLANCHE (S) EN 2
PRISES DE VUE

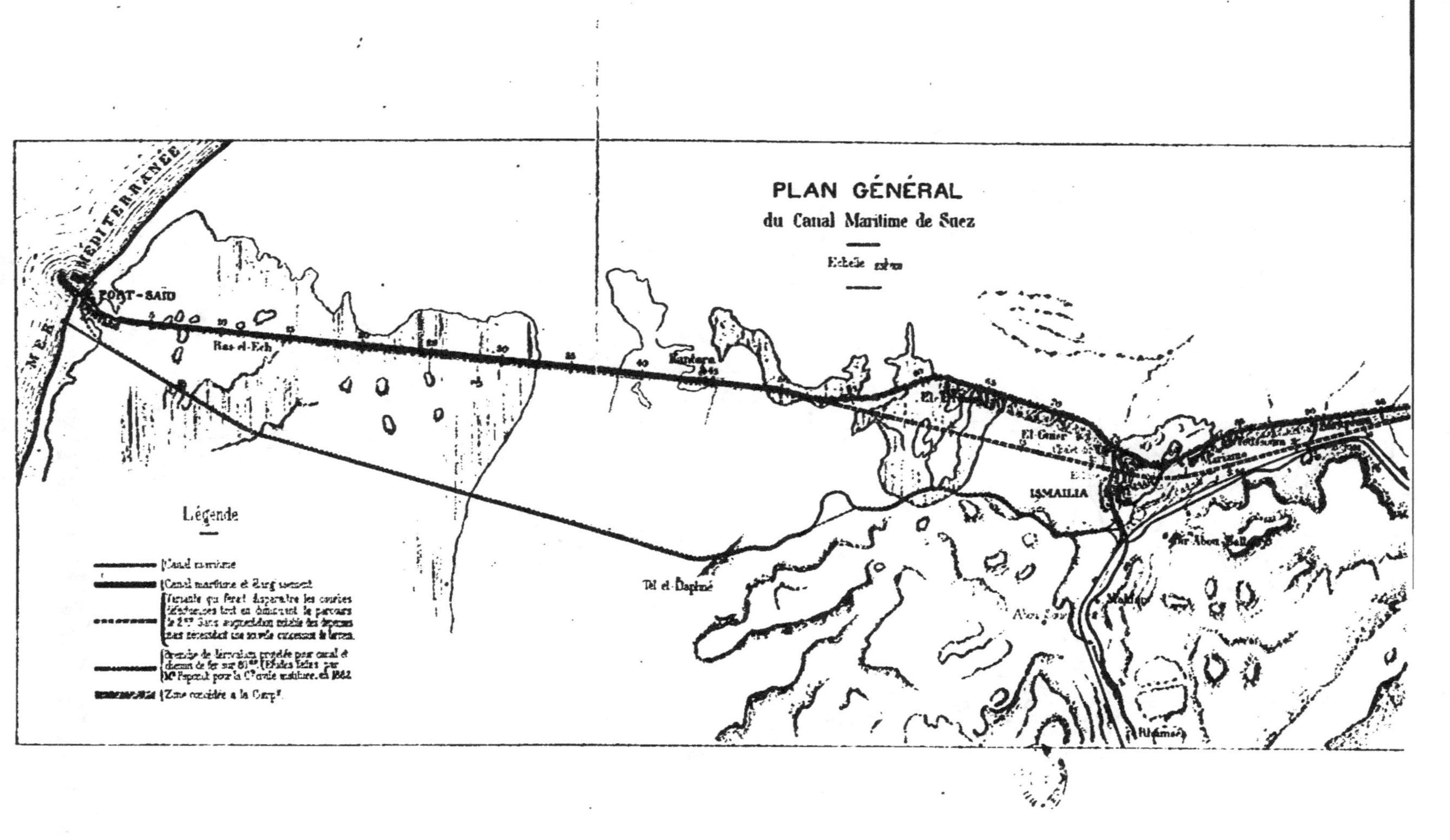

PLAN GÉNÉRAL
du Canal Maritime de Suez
Échelle
MER MÉDITERRANÉE
PORT-SAID
Ras-el-Ech
Kantara
El Guisr
ISMAILIA
Tel el-Daphné
Légende
Canal maritime
Canal maritime et élargissement
Tel el-Daphné

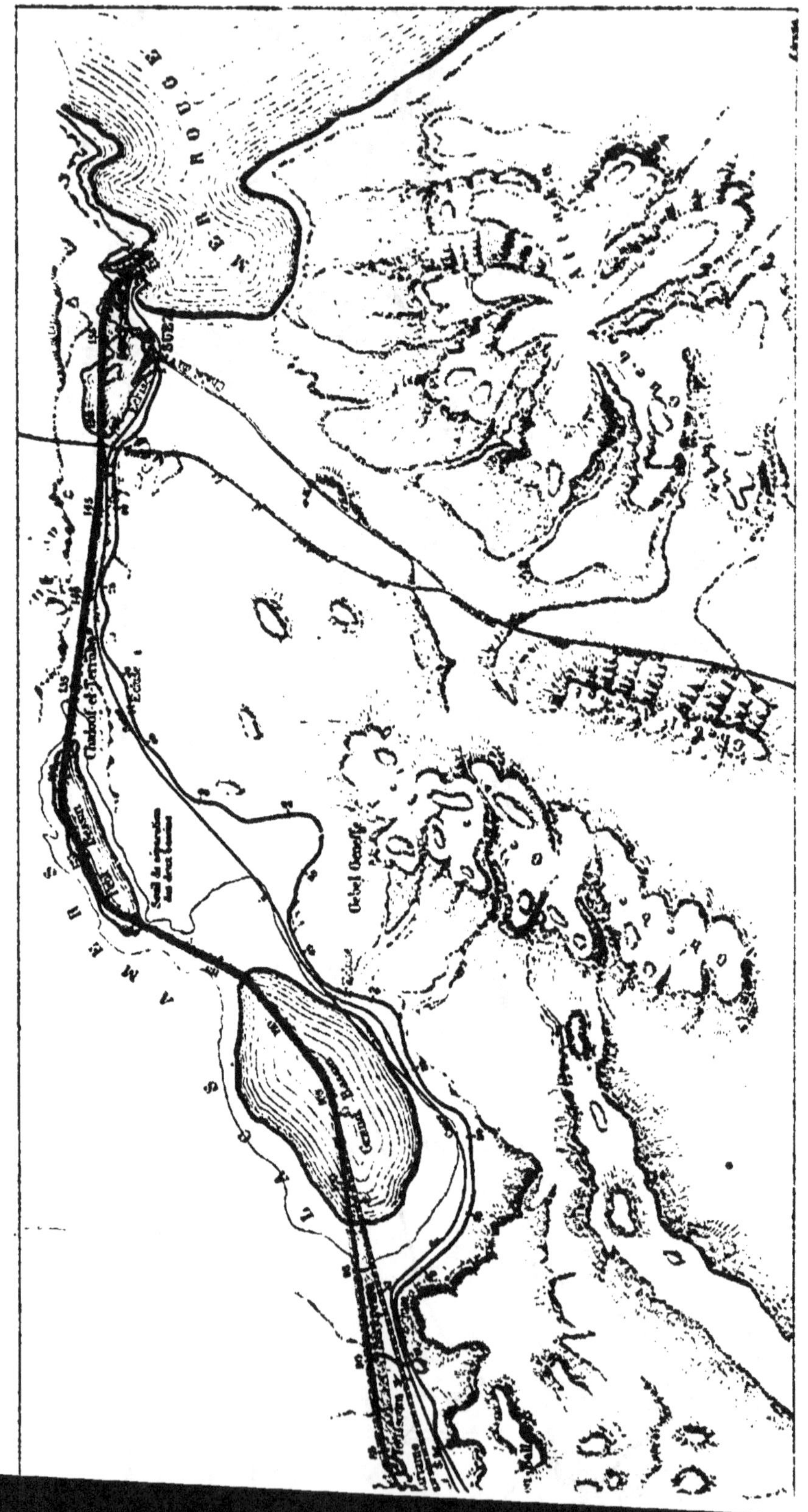